はじめに

JN143251

我が国では、65歳以上人口の比率が2007年に21%を超え、「高齢社会」から「超高齢社会」に突入しましたが、2018年にはこの比率が28.1%にまで伸びています。今後もしばらくは続伸すると予想されます。

一方、公的年金の支給開始年齢は段階的に65歳になりつつあり、将来的にはさらに引き上げざるを得ないとの見方が有力です。これに合わせて民間企業の定年制度も60歳から延長や再雇用などで65歳定年に移行しつつあり、公務員の定年も段階的に引き上げる方針が示されています。

平均寿命は女性87歳・男性81歳となっており、100歳以上の長寿者も約7万人に達しています。まさに「人生100年時代」は現実になりつつあります。いつまでも元気でお金の心配もなく暮らせれば「人生100年万歳!」でしょうが、“長寿リスク”“認知症対策”という言葉がはびこるように、リタイア後の長い人生を暗いイメージで捉える見方も少なくありません。

超低金利・マイナス金利が続くなかでは預貯金の利子はないに等しく、国民総資産の預貯金への偏在が顕著な状況を改善しなければならないのは確かだと思われます。

国も税制優遇策を組みあわせた資産形成のための施策を次々に打ち出しています。iDeCoやつみたてNISAはその代表的なものでしょう。長期間の老後に備えて資金を蓄え、運用で財産形成を図れるように、現役世代の自助努力を促していると言えます。

とはいえ、老後資金のベースとなるのは、やはり公的年金です。しかし、自分は年金をいくらもらえるのかには関心を持っていても、夫婦ではどうなのか、保険料を納めていなかった期間がある場合はどうなるのかなど、基本的なことを知らない人が多いようです。

第1部『ねんきん定期便をチェックして、自分の年金の未来を知ろう』では、定期便の見方のポイント、よくある事例をQ&Aやマンガを交えて解説し、年金に関する正しい知識を得ていただくように工夫しています。

第2部『人生100年時代の「しあわせ老後」のナビゲーション』では、「こんなはずではなかった」という事態にならないために、年金だけでは不足する分をカバーするために、今から準備しておくべき老後資金の貯め方などを家族構成や年齢層別に描いています。

なお本書は、30代以降のすべての世代の読者のヒントとなるよう、まとめてあります。

第2部の著者・安田まゆみ氏の言葉を借りれば、「お金は人生の応援団」です。明るく幸せな老後を目指して、“人生の応援団”との付き合いを豊かなものにしましょう。

2019年3月

『暮らしとおかね』編集部

目次

番外編 生活にゆとりをもたらす生涯収入補てん術

第1部

ねんきん定期便をチェックして、自分の年金の未来を知ろう

すべての公的年金加入者に送られてくる
“ねんきん定期便”には
どういう機能があり、どこを見れば何がわかるのか、
マンガ入り事例をまじえてやさしく解説します！

服部年金企画 講師
桶谷 浩

ねんきん定期便ってなに？

ねんきん定期便は、公的年金に加入しているすべての人に加入状況や保険料の納付状況、および年金見込額（50歳未満の時はその時点での実績額）をお知らせする、国からの連絡便のことです。

いつ頃送られてくるのですか？

毎年誕生月（毎月の1日生まれの方のみ前月）にハガキまたは封書で加入者本人に送られてきます。保険料の納付状況等の記載内容は送付2か月前の状況で作成されています。

どういう機能があるのですか？

大きく、

①年金保険料の領収証的機能

②および①に関連した、加入・納付状況を知らせる機能

③受取額の将来予測（50歳以降の人）または現時点までの履歴による年金額（50歳未満の人）実績を知らせる機能

などがあります。特に59歳時の定期便は、その人の年金の状況を知るのに必要な情報がほぼ載っており、年金事務所以外の行政機関や金融機関等で年金相談をされる時、持参されるととても重宝されます。

どのようなものが送られてきますか？

ねんきん定期便のタイプは、大きく分けて4つあります。

①ハガキ形式で50歳未満の人に送られてくるもの

②ハガキ形式で50歳以上の人に送られてくるもの

③封書形式で35歳、45歳の人に送られてくるもの

④封書形式で59歳の人に送られてくるもの

があります。

ほかに②の派生形ですでに受給中かつ厚生年金に加入中である人に来るハガキがあります。こちらは年金額が書いていないもので、今回の説明からは外します。

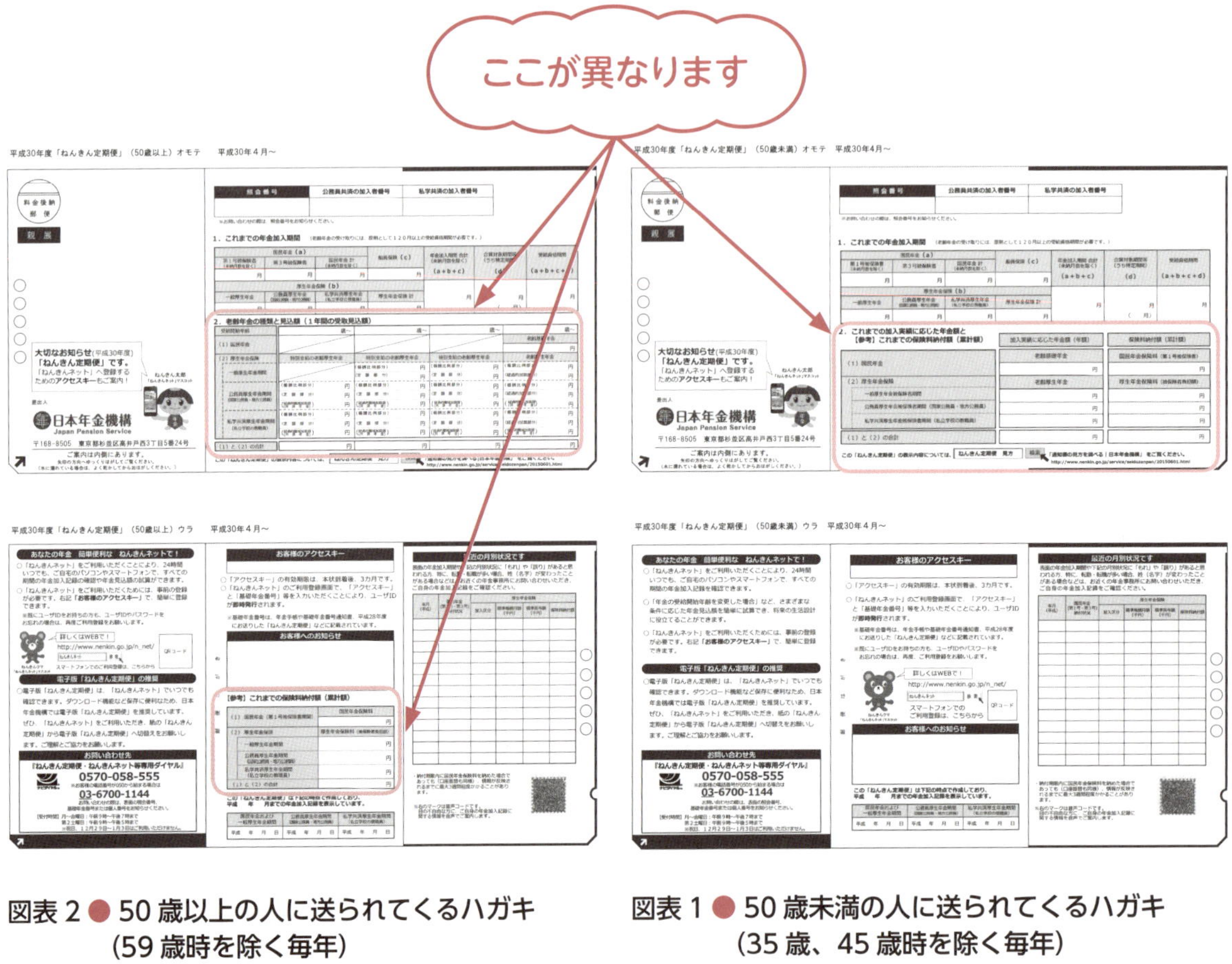

図表1 ● 50歳未満の人に送られてくるハガキ（35歳、45歳時を除く毎年）

図表2 ● 50歳以上の人に送られてくるハガキ（59歳時を除く毎年）

ハガキは封書の送られてくる年以外は毎年送られてきますが、封書は一生のうち3回しか送られてきません。水色のA4サイズが入る大きい封筒が送られてきます。

では、具体的に定期便の中には何が入っているのでしょうか？　この定期便の4種類にはどのような差があるのでしょうか。その中身を見てみましょう。

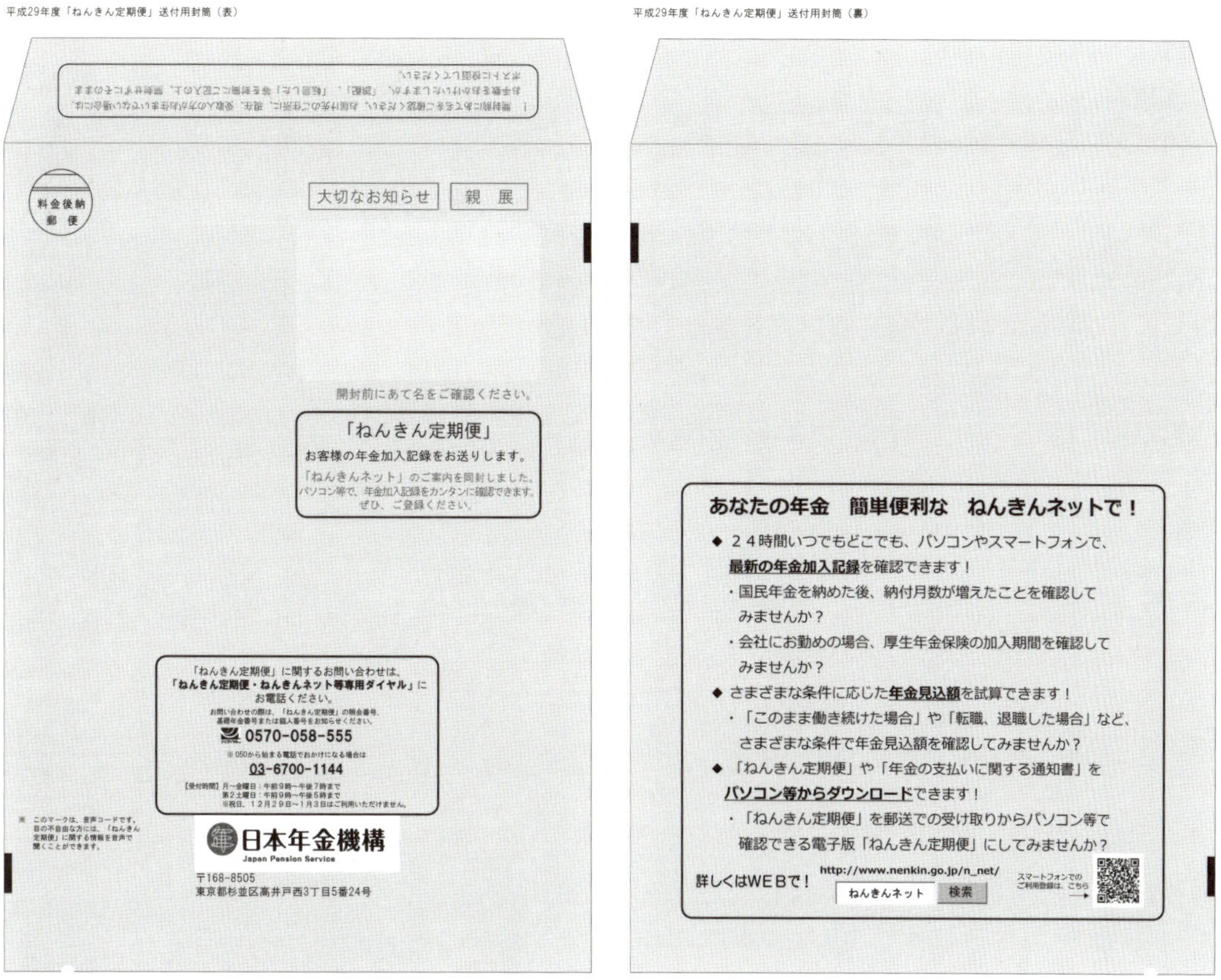

図表3 ●一生で3回だけ送られてくる封書

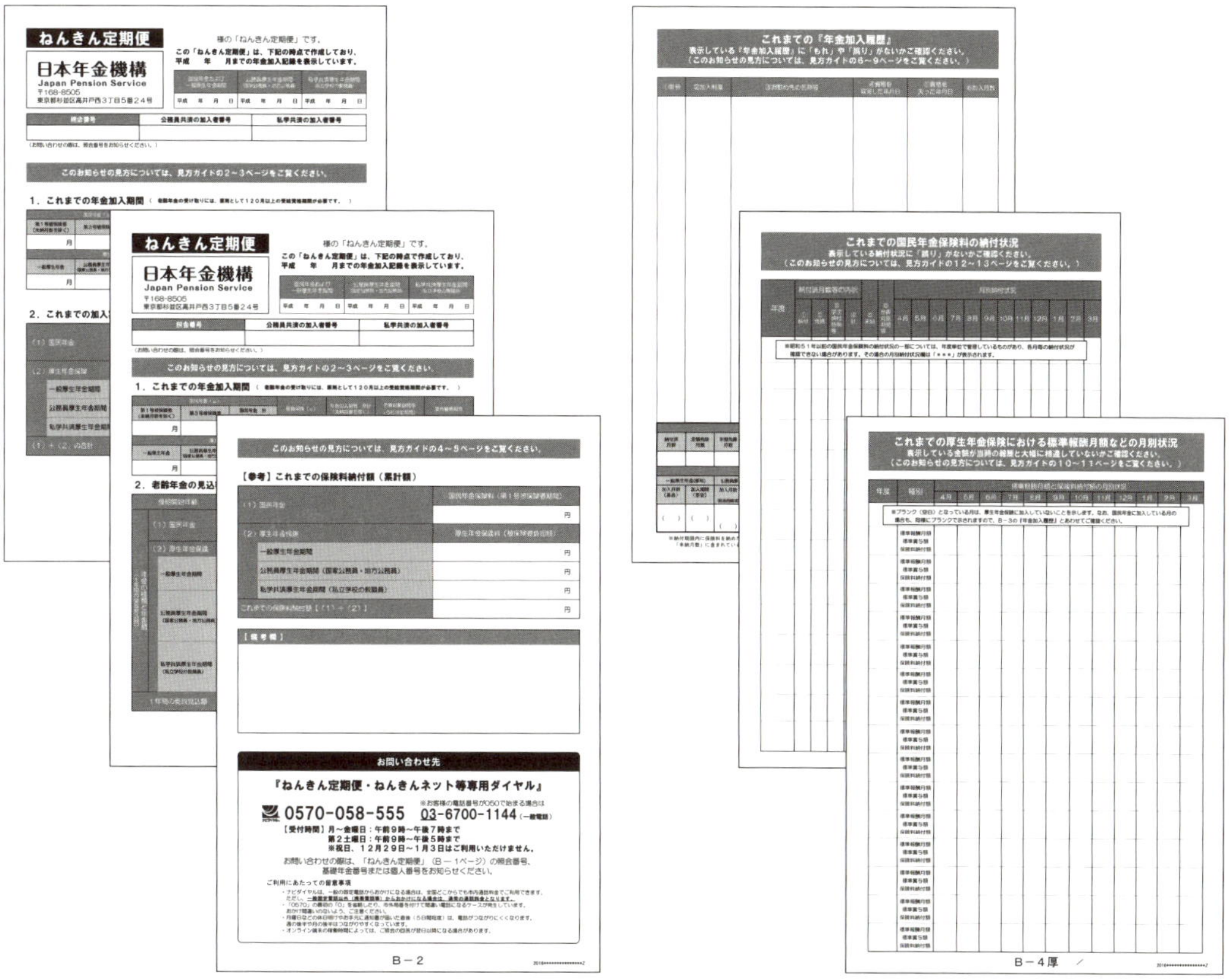

図表4 ●封書の中身

ねんきん定期便を読む前に

加入履歴や保険契約状況が重要

ねんきん定期便が来て、真っ先に誰もが気にするのは年金額、年金見込額です。

ねんきん定期便に書いてある内容

①これまでの年金加入期間	全定期便
②これまでの加入実績に応じた年金額（年額）	50歳未満の人のハガキ、封書
③年金見込額	50歳以上の人のハガキ、封書
④これまでの年金加入履歴	封書
⑤これまでの厚生年金保険における標準報酬月額などの月別状況	封書
⑥これまでの国民年金保険料の納付状況	封書
⑦最近の月別状況（直近の納付）	ハガキ、封書も兼ねる

もちろん年金額も大切ですが、それよりもっと重要なのは、ねんきん定期便の中にある加入履歴や年金保険料等の納付状況の確認なのです。年金見込額はいくら眺めても変わりませんが、この部分に間違いがある場合は、それを訂正することによって年金額が変わってくることになるからです。ついつい見落としがちになりますが、ねんきん定期便は年金額や年金見込額以外の項目も確認しましょう。一度きちんと確認してしまえばその後は安心して年金を受け取ることができるようになります。

さて、ねんきん定期便を利用する前に注意すべきことがいくつかあります。

まずねんきん定期便は前述したように、年齢により送られてくる様式と内容が違います。この差はしっかりこの内容を読んでいただければわかります。

次にねんきん定期便の記載方法についてです。ねんきん定期便の数字や記録はわかりにくいと言われる方が多いのですが、その原因として、

①年金額や年金見込額は年額での表示である

②加入月数が月数での表示である

点が挙げられます。

年金額が81万円６０００円、加入月数が２７３か月と言われてもピンときません。81万６０００円は、月額で６８０００円、２７３か月加入であれば22年9か月加入と理解したほうが理解しやすいです。まず電卓で数字を12で割ってみることをお勧めします、これでぐっと読みやすくなります。

３つめに、年金情報が１００％載っているのではないということです。

定期便に書かれていないこと

公的年金には、加給年金や振替加算という、難しいですが加入状況等に応じて支給される一種の「家族手当」のような年金があります。しかしこれは年金定期便では触れられていません。

年金の加入者は、共働き、専業主婦、単身者などさまざまです。加給年金は状況に応じて支給されたりされなかったり、一律に説明できるものではないのです。

加給年金などの年金見込額がなくてもおおよその目安はつきますから、まずは定期便本体の数字で老後生活設計を検討したほうがよいでしょう。気になった方はネットや書籍でさらにお調べいただければよいと思います。

さらにねんきん定期便では、厚生年金に加入し保険料を支払いながら年金を受給するとき、報酬額により調整がかかり減額や停止されるとか、失業給付（雇用保険の基本手当）を受給中は年金が停止されるとか、他の制度が年金受給に関係するような場合も一切考慮されていません。

とても役立つ資料ですが、実際とは少し違う箇所もあることを理解して利用してください。

	ア 50歳未満 ハガキ	イ 35、45歳 封書	ウ 50歳以上 ハガキ	エ 59歳 封書	オ 年金受給者で被保険者へのハガキ
照会番号 公務員番号 私学共済番号	全く同じ	全く同じ	全く同じ	全く同じ	全く同じ
これまでの年金加入期間	記載 ①	記載 ①	記載 ①	記載 ①	記載 ①
(参考)これまでの保険料納付額(累計)	記載	記載	記載	記載	記載
これまでの加入実績に応じた年金額（年額）	記載 ②	記載 ②	なし	なし	なし
年金見込額	なし	なし	記載 ③	記載 ③	なし
これまでの年金加入履歴	なし	記載 ④	なし	記載 ④	なし
これまでの厚生年金保険における標準報酬月額などの月別状況	なし	記載 ⑤	なし	記載 ⑤	なし
これまでの国民年金保険料の納付状況	なし	記載 ⑥	なし	記載 ⑥	なし
最近の月別状況(直近の納付)	記載 ⑦	記載 ⑦※	記載 ⑦	記載 ⑦※	記載 ⑦

※全期間の記録には、ハガキ定期便で表示する直近1年の情報も含まれる。
（注）丸数字は前ページ上段の枠内と対応

図表5 ●ねんきん定期便に書いてある内容

ねんきん定期便の具体的中身をみてみよう

1 これまでの年金加入期間

ねんきん定期便が作成された時点までの公的年金への加入期間の詳細が表示されます。

国民年金(a)・厚生年金(b)の納付状況

(a)は国民年金の加入期間、(b)は厚生年金の加入期間です。

国民年金加入期間
厚生年金加入期間

1．これまでの年金加入期間（老齢年金の受け取りには、原則として１２０月以上の受給資格期間が必要です。）

国民年金（a） 第１号被保険者（未納月数を除く）	第３号被保険者	国民年金 計（未納月数を除く）	船員保険（c）	年金加入期間 合計（未納月数を除く）(a＋b＋c)	合算対象期間等（うち特定期間）(d)	受給資格期間 (a＋b＋c＋d)
36 月	0 月	36 月	0 月			
厚生年金保険（b） 一般厚生年金	公務員厚生年金（国家公務員・地方公務員）	私学共済厚生年金（私立学校の教職員）	厚生年金保険 計			
425 月	0 月	0 月	425 月	461 月	0 月（ 月）	461 月

図表６●これまでの年金加入期間

その厚生年金期間と国民年金期間および船員保険の期間の合計が、年金加入期間（合計）、つまりどれだけ公的年金に加入したかです。厚生年金については一般厚生年金＝民間企業のサラリーマンの期間、公務員の期間、私立学校の教職員の期間で、内訳が表示されます。

定期便に未納期間は表示されませんから、ここの加入期間が１２０か月（10年）を超えていれば、将来老後の年金を受ける権利が確定していることがわかります。

もう1点、厚生年金に入った期間（会社勤務）があった人は加入期間が３００か月（25年）を超えているかどうかも重要です。在職中死亡でない場合は、加入期間３００か月（25年）以上ある人が死亡した場合に、配偶者に遺族厚生年金が支給されるからです。

2 これまでの加入実績に応じた年金額

2．これまでの加入実績に応じた年金額（年額）

（1）国民年金	これまでの加入実績に応じた老齢基礎年金額
	405,885円
（2）厚生年金保険	これまでの加入実績に応じた老齢厚生年金額
一般厚生年金期間	492,865円
公務員厚生年金期間（国家公務員・地方公務員）	0円
私学共済厚生年金期間（私立学校の教職員）	0円
（1）＋（2）の合計	898,750円

図表７●加入実績に応じた年金額

加入実績に応じた年金額とは、わかりにくい言い方ですが「今までの加入実績をもとに、もし年金が出ると仮定して計算したならばいくらか」という年金額です。

法律上60歳未満の人に老齢年金が出ることはありませんが、山登りをしていて途中今何合目まで来たかという指標を知らせるしくみと理解するとわかりやすいでしょう。期間的には35歳の定期便が４合目、45歳の定期便が６合目という感じでしょうか。

思ったより年金額が多くないと思われる人も多いですが、厚生年金の場合、たとえば45歳の定期便の人であれば、20～45歳前の25年間の実績による計算です。しかし給与は45歳以降ぐんと上がるのが一般的です。これから増額する額が大きいことも予想されますので、この額で一喜一憂しないでください。

3 老齢年金の見込額

50歳未満の加入実績に応じた年金額が、50歳を過ぎた人に送られてくる年金額では、年金見込額となります。

50歳以降の人に届く年金見込額は、今の状態（自営業なら国民年金、サラリーマンなら厚生年金かつ給与・賞与は将来も変わらない）の前提で、その前提が60歳まで続いたらいくらか、というシミュレーションの年金額が表示されます。皆さんそろそろ自分の老後の生活設計を考えてくださいねということです。

年金見込額は、一番上に何歳からという年齢が書いてあります。

国民年金だけの人や厚生年金期間があっても若い人は65歳からと書いてあるのが基本ですが、63歳、65歳、のように複数の年齢が記入されている人が多くいらっしゃいます。

これは、どちらの年齢で年金を受け取り始めるかを選ぶという選択肢を示したものではなく、まず若い年齢の63歳で手続きしてください、63歳から65歳前までの2年間は63歳のところの下に書いてある年金額、65歳を過ぎたら65歳の下に書いてある年金額が受け取れる、という流れを説明したものです。

受給開始年齢の確認は重要です。男性か女性か、自営業か会社員か、女性の場合は会社員か公務員かで、年金開始の年齢は異なります。しっかり把握して老後準備を考える基とするものです。

年金額は一番下の合計額が大切です。厚生年金額の内訳が一般（民間）、共済（公務員）、共済（私学）に分けて書いてありますが、これは支払元（お財布）が違うからなのです。民間に5年、公務員に30年加入されていた方は、5年分＋基礎年金が国（日本年金機構）から、30年分は公務員共済から支払われることになります（手続きはどちらかへの請求で済みます）。

なお例外的に「＊」が全部入って、具体的年金額が表示されていない場合がありますが、この人は何らかの理由で、見込額が計算できなかった人たちです。年金事務所に行ってその理由を教えてもらい、何か訂正しなければならないことが原因であれば訂正をしてください。

2．老齢年金の見込額（加入状況の変化や毎年の経済の状況など種々の要因により変化します。あくまで参考としてください。）

受給開始年齢の確認は重要！

年金の種類と年金額（1年間の受取見込額）					
受給開始年齢		歳～	歳～	63歳～	65歳～
（1）国民年金					老齢基礎年金 767,935円
（2）厚生年金保険		特別支給の老齢厚生年金	特別支給の老齢厚生年金	特別支給の老齢厚生年金	老齢厚生年金
一般厚生年金期間	（報酬比例部分）		円	854,690円	854,690円
	（定額部分）／（経過的加算部分）		円	円	620円
公務員厚生年金期間（国家公務員・地方公務員）	（報酬比例部分）	円	円	円	円
	（定額部分）／（経過的加算部分）	円	円	円	円
	（経過的職域加算額（共済年金））	円	円	円	円
私学共済厚生年金期間（私立学校の教職員）	（報酬比例部分）	円	円	円	円
	（定額部分）／（経過的加算部分）	円	円	円	円
	（経過的職域加算額（共済年金））	円	円	円	円
1年間の受取見込額		円	円	854,690円	1,623,245円

図表8 ●老齢年金の見込額

4 加入実績に応じた年金額と見込額の違い（2と3関連）

加入実績に応じた年金額は加入実績で計算していますから毎年定期便の金額は変わります。50歳未満の若い人は年金開始までの期間が長いので不確定要素が多く、あまり意味をなさないこともありますので、見込額は出されていません。

一方年金見込額は字のとおり年金の見込額です。49歳までのねんきん定期便でこれまでの年金実績をもとにした年金額は毎年加入月数が増えるのにリンクして増えたのと違い、見込額は原則として60歳まで給与が変わらず働いたという条件で計算した予想年金額なので離職や復職、大幅な賃金の上がり下がり等の事情が変わらない限り60歳まであまり変わりません。

52歳の定期便作成時点で給与が30万円の人は、あと8年間給与30万円が続くという前提で定期便は作成されます。

年金額見込額は50歳から後10年ほとんど変わらないのに、加入月数は実績で毎年送られていく定期便では着実に増えていきます。そこで、毎年ねんきん定期便を確認していた人で「なぜ毎年加入月数は増えていくのに見込額だけは毎年変わらないんだ」と質問をされていたのですが、そういうしくみなのです。

これまでの『年金加入履歴』
表示している『年金加入履歴』に「もれ」や「誤り」がないかご確認ください。
（このお知らせの見方については、見方ガイドの6～9ページをご覧ください。）

①番号	②加入制度	③お勤め先の名称等	④資格を取得した年月日	⑤資格を失った年月日	⑥加入月数
3	厚　年	東京株式会社	平成10.5.21	平成15.8.1	63
		（基金加入期間）	平成10.5.21	平成15.8.1	63
5	国　年	第1号被保険者	平成16.10.1	平成26.6.20	116

厚生年金基金期間があるケース

図表9 これまでの加入履歴

5 これまでの加入履歴（2と3関連）※封書のみ

年金加入履歴には、加入している制度および厚生年金期間については、会社名、会社に入った日および、退職し被保険者でなくなった日（退職日の翌日）等が記載されます。国民年金期間については加入期間が表示されます。

加入月数は月単位なので、たとえば4月10日に入社→4月は厚生年金期間、9月18日に退職→月内転職がなければ9月は国民年金期間となります。月末退職の場合のみ、その月（9月）も厚生年金期間です。

加入履歴の厚生年金の記載の下に厚生年金基金期間がある旨のカッコ書きがあったら、厚生年金に加え厚生年金基金を受け取れます。厚生年金基金は現在はほとんどなくなりましたが、原則勤続10年未満で退職した場合で、その原資が企業年金連合会に移っている時は年金開始年齢（厚生年金の開始年齢と同じ）に、請求書類が送られてきます。

「空いている期間があります」という記載もよくありますが、年金制度に加入していなかった期間、サラリーマンの妻（第3号被保険者）の制度がまだなかった昭和61年4月前の主婦期間などが該当し、その間が長ければ長いほど年金が少ないので、60歳以降の任意加入などの年金増額対策を別途検討する必要があります。

6 7 保険料納付の月別状況

ハガキ形式の定期便では、直近1年間の月別状況が書いてあります。

封書形式の定期便では直近1年間の月別状況ではなく、全期間の月別状況が記載されています。

国民年金に加入中は、納付、免除等の記録が入ります。納付とあればきちんと保険料を納付したということです。

厚生年金に加入中は、具体的な報酬額や賞与額、そして納付した保険料の額も入ってきます。

標準報酬月額という言葉はなじみが薄いので、（給与額＋通勤交通費額）と考えていただいても結構です。給与＋交通費27～29万円の間の人は一律28万円の報酬というみなしをした額なのですが、通常はあまり大きく隔たりはありません。

実際の給与とあまりにも差が激しい場合（40万円の給与だったのにねんきん定期便の標準報酬が20万円となっているなど）は、所属の会社の総務・人事等に問い合わせてみる必要があります。

賞与については、平成15年（2003年）4月以降は保険料の納付の記録があります。それ以前については、賞与の記録がないのは記録の漏れではないのでご注意ください。

最近の月別状況です

表面の年金加入期間や下記の月別状況に「もれ」や「誤り」があると思われる方、特に、転勤・転職が多い場合、姓（名字）が変わったことがある場合などは、お近くの年金事務所にお問い合わせいただき、ご自身の年金加入記録をご確認ください。

年月（平成）	国民年金（第1号・第3号）納付状況	厚生年金保険 加入区分	標準報酬月額（千円）	標準賞与額（千円）	保険料納付額
30年1月		厚年	280		25,620
30年2月		厚年	280		25,620
30年3月		厚年	280		25,620
30年6月	納付済				
30年7月	納付済				

給与＋通勤交通費（月額）

図表10 ●月別の保険料納付状況

これまでの国民年金保険料の納付状況

表示している納付状況に「誤り」がないかご確認ください。
（このお知らせの見方については、見方ガイドの12～13ページをご覧ください。）

年度	納付済月数等の内訳 ①納付	②免除	③学生納付特例等	④計	⑤未納	⑥合算対象期間等	月別納付状況 4月	5月	6月	7月	8月	9月	10月	11月	12月	1月	2月	3月
平成29年	12	0	0	12	0		納付済	納付済	納付済	納付済	納付済	納付済	納付済	納付済	納付済	納付済	納付済	納付済

図表11 ●国民年金保険料の納付状況

これまでの厚生年金保険における標準報酬月額などの月別状況

表示している金額が当時の報酬と大幅に相違していないかご確認ください。
（このお知らせの見方については、見方ガイドの10～11ページをご覧ください。）

※ブランク（空白）となっている月は、厚生年金保険に加入していないことを示します。なお、国民年金に加入している月の場合も、同様にブランクで示されますので、A－3の『年金加入履歴』とあわせてご確認ください。

年度	種別	標準報酬月額と保険料納付額の月別状況 4月	5月	6月	7月	8月	9月	10月	11月	12月	1月	2月	3月
	標準報酬月額												
	保険料納付額												
平成29年	標準報酬月額	220	220	220	220	220	280	280	280	280	280	280	280
	標準賞与額												
	保険料納付額	40,260	40,260	40,260	40,260	40,260	51,240	51,240	51,240	51,240	51,240	51,240	51,240
	標準報酬月額												

図表12 ●厚生年金保険の標準報酬月額等の状況

ねんきん定期便Q&A

Q1 なぜ、ねんきん定期便という制度があるのでしょうか？

A 会社員等は保険料を給与や賞与から徴収されますが、実際に納付するのは所属先の会社等です。会社のミス（保険料を徴収したのに賞与支払の届け出が漏れたなど）は老後の年金額に影響しますが、従業員には、一切その後どのような処理をされたかはわかりません。

そこで、その内容つまり保険料の納付記録を本人に間違いがないかを確認してもらう意味で、定期便を送付するのです。

もちろん、年金実績額や見込額を出して年金に加入している人に老後資金が年金で足りているか、足りなければどうするか等の老後準備を促すのも必要性の一つです。

Q2 定期便が来ないのですが？

A 定期便が届かない理由には、

①郵便側の問題（郵便が届かない、郵便事故の場合）

②年金機構側の問題（何らかの理由で住所が正しく把握されていない）

が考えられます。

未着の場合、問い合わせると、届かなかった理由がわかります（未着の記録は保存されている）。特に②である場合は、きちんと訂正をしておかないと今後も届かないことになります。一番多いのは、ご本人がどこかにやってしまったりうっかり捨ててしまったりというケースですが、その場合は翌年以降には到着するので、次回ねんきん定期便からはなくさないように確認しましょう。

Q3 定期便をなくしましたが？

A ねんきん定期便の再交付はできます。また再交付ではないのですが、同じ内容の書いてある年金記録はいつでも年金事務所で打ち出せますので、必要ならば年金記録を打ち出してもらってください。

ただこちらは、ちょっとプロ仕様のわかりにくい記載のものになっています。年金事務所での対面で打ち出される記録は、相談者の情報がリアルに聞けるため、一種の家族手当である加給年金をつけた数字や、働きながら年金をもらう場合の年金の調整額などの細かい試算を打ち出してもらえます。

定期便をなくしていない場合でも年金事務所に相談に行くことはお勧めです。

Q4 記録が間違っている場合はどうしたらよいでしょう？

A 封書形式のねんきん定期便には、記録に漏れや誤りがある場合に、その内容を返信するための回答票および返信用封筒が入っています。漏れや誤りがある場合は、こちらに記入して返信をします。

明らかに間違いがある場合だけでなく、この会社に勤めていたのだけれどよくわからないと思う場合は、積極的に返信をして調査してもらったほうが良いでしょう。30年前に腰掛けで働いていたというような場合に厚生年金に入ったか否かは、本人にもよくわからないものです。

もちろん、直接年金事務所に出向いて相談しても良いでしょう。その場で氏名検索をして不明な記録を探してもらえます。

Q5 50歳を超えている者ですが年金見込額が打ち出されていないのですが？

A 時々年金見込額が＊＊＊という打ち方で具体額が算出されていない場合があります。

50歳を過ぎても年金を受け取るのに必要な納付期間を満たしていない時、法律的には認められていない国民年金と厚生年金に手続きミスがあって重複加入している期間があって年金額が計算できない時や、何らかの理由で年金見込額を打ち出すことができない理由がある場合に、このような表示がされます。

原因は年金事務所等に問い合わせてみるとわかります。

Q6 年金定期便は保存しておいたほうがいいですか？

A 年金記録は毎年の積上げ、つまり前年の記録を塗り替えていくという形で作られます。基本的に年金見込額やこれまでの加入実績に応じた年金額は、最新のものがあればそれが最も実際に近い、より正確なものですので、それを見ていただければ十分です。封書形式の定期便とハガキ形式の定期便の最新のものを2つ保存し、新しい定期便が来るたびに封書またはハガキを差し替えてください。

ただ、処分前に、定期便の月別状況欄の保険料の納付の状況や、その時の報酬に間違いがないかは確認しておくべきでしょう。

賞与の額が大幅に違っていたというようなミスを訂正をしてもらうには、時間が経ってからでは証拠がなくなること等もあり、訂正するのがとても難しくなり、長期間そのままにしていた場合などはそのままうやむやになってしまうこともありえます。

Q7 紙媒体以外の定期便もあると聞いたのですが？

A ねんきんネットのサービスの中に、電子版ねんきん定期便というしくみがあり、紙ベースの定期便と同じ内容をPDFファイルで確認することができます。

これはいつでもすぐ内容を確認できる、電子データとして内容をそのまま保存できるという点でとても優れたもので、使い方によってはとても役に立ちます。

ハガキ形式の年金の定期便の送付停止もネット上から手続きすることができ、郵便費用や紙の節約の上から郵送停止のお願いをする案内も入っていますが、電子化は送付停止手続きをした後に関心を失ったりすると、記録を長期間放置してしまう弊害もあります。

日本年金機構から一方的にハガキが送られてくることにより「あ、そうだった」と年金への関心を戻すきっかけとなることもありますから、郵便による送付停止は慎重に検討をしてから行ってください。

Q8 自分が思ったよりねんきん定期便の年金額が少ないのですが？

A 50歳前はこれまでの加入実績に応じた年金額、つまり途中経過ですから少ないのは当たり前です。また50歳以降の年金見込額について年金計算間違いをしているのではないかと疑われる人もいらっしゃいますが、計算の前提となる年金記録に誤りや漏れ等がない限り計算も正しくされます。

一番多いのが年金額自体を年金給付水準の高かった自分たちの親世代、祖父母世代と無意識に比較をしてしまい、自分の年金をより低く感じてしまうマインドの問題です。記録誤りや漏れがない場合は、見込額を基に老後準備をしていくしかありません。

また定期便は、見込額に加給年金等のプラスαの年金額や60歳定年後も継続して働いた場合に増える厚生年金額が反映されないなど、完全なものではないことにも注意が必要です。

年金を繰上げ・繰下げてもらう メリット・デメリットってどういうこと？

50歳以降のねんきん定期便の機能に「何歳からいくらもらえるか」がわかるところがある、という説明をしました。11ページの3の老齢年金の見込額に載っている受給開始年齢のところです。

この何歳からいくらという開始年齢を変える、年金額は少なくなるがもらい始める時期を前倒しして受け取る場合を「繰上げ」、開始を遅らせてその代わり年金額を増額する場合を「繰下げ」と言います。

以前は繰り上げて年金をもらう人が圧倒的に多かったのですが、最近は繰上げのマイナス面がいろいろと周知されてきて繰上げを選択される人は減少傾向にあります。

最近の報道で繰下げ制度が報道されることが増え、また近い将来繰下げのしくみの拡大（最大75歳まで繰り下げることを可能にする）の動きがあるのも関連しているのか、多くはありませんが繰下げを選ぶ人は増加気味です。

この繰上げ、繰下げについて、ねんきん定期便で、50歳以上の人で定期便に見込額が打ち出される人かつ、年金開始年齢が1つ（65歳だけ）しか打ち出されていない人は単純に減額率や割増率をかけてしまえば年金額がわかります。

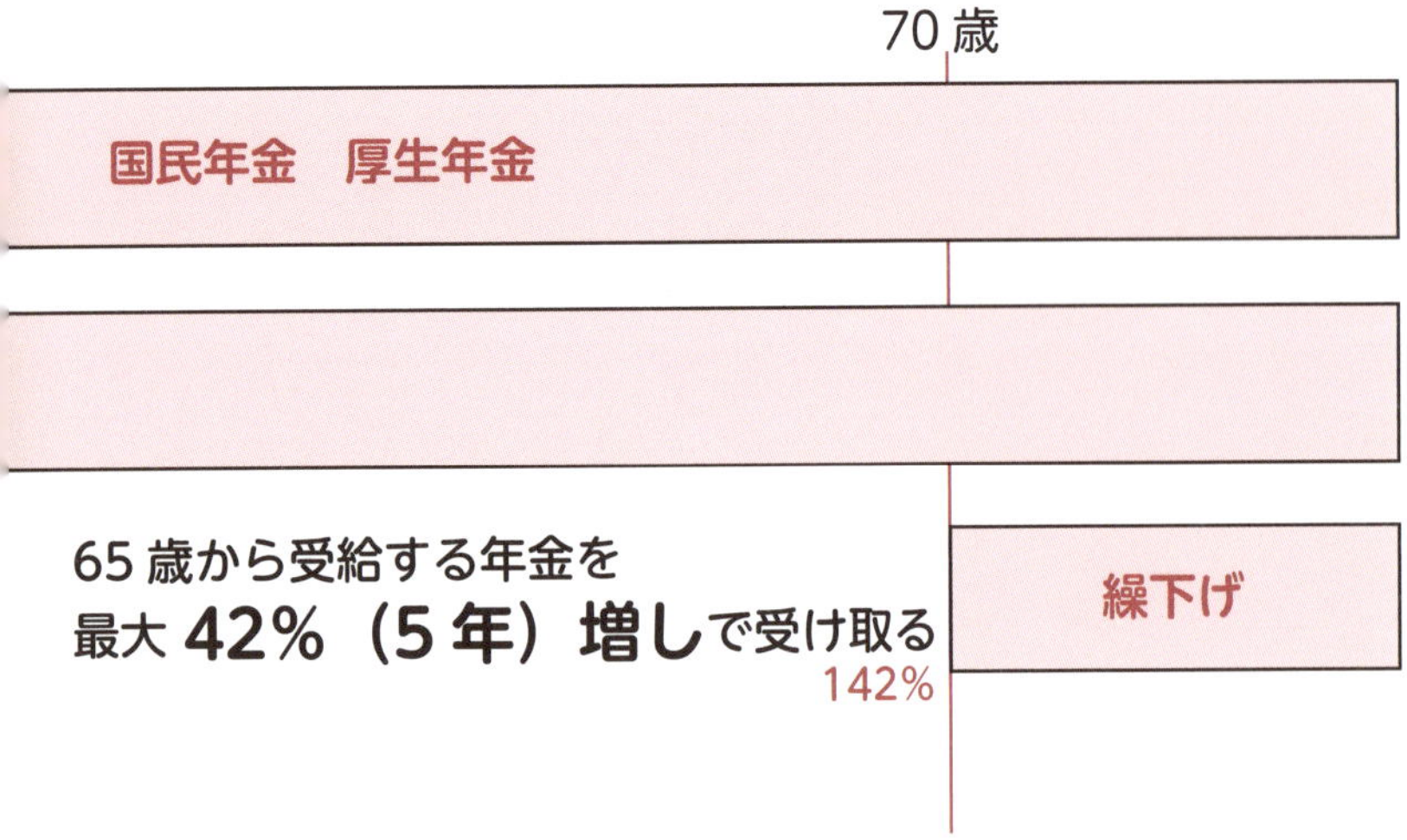

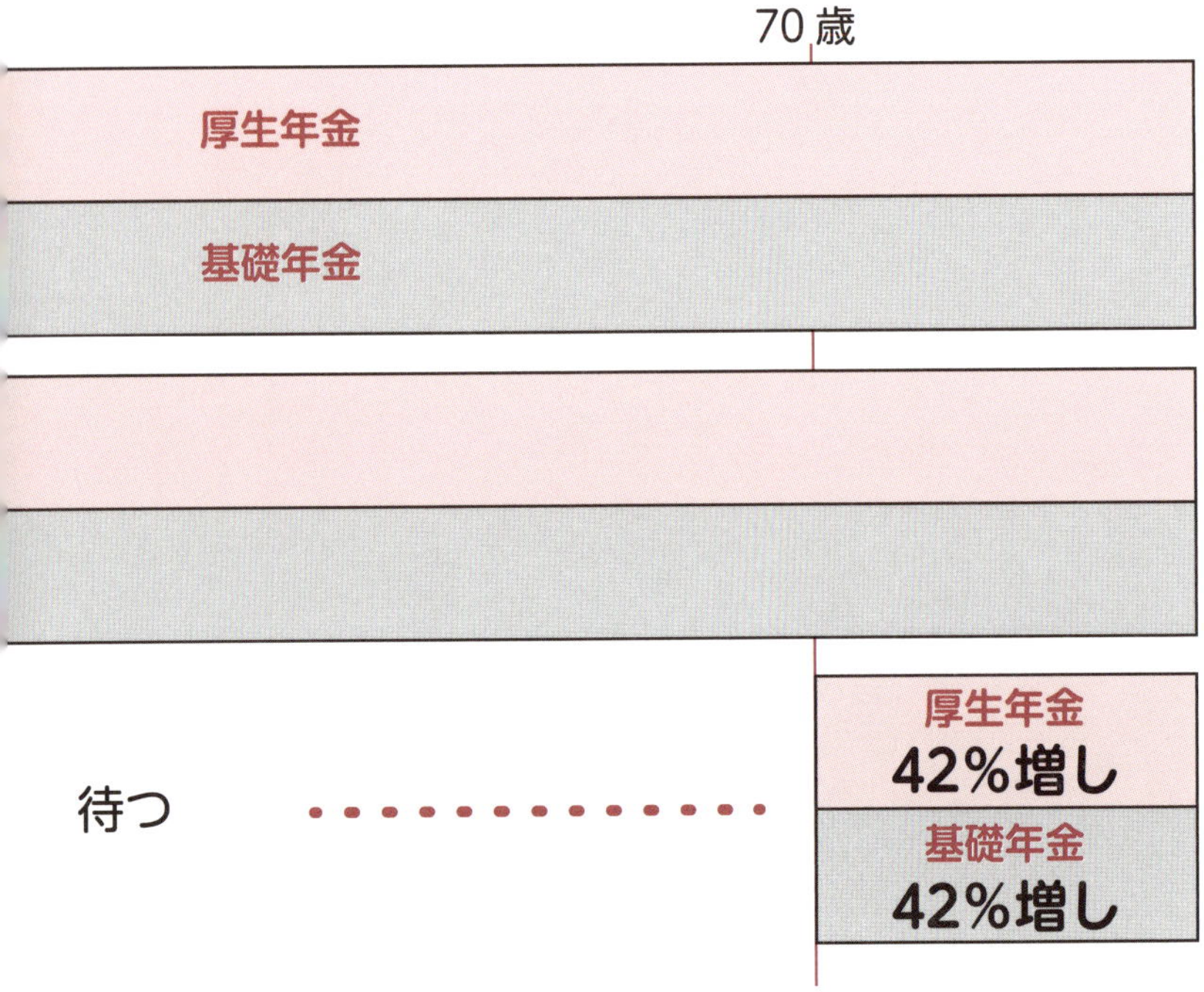

繰上げ＝1か月につき0・5％減額　1年6％減　5年30％減
繰下げ＝1か月につき0・7％増額　1年8・4％増　5年42％増

65歳から年金が月10万円（年間120万円　厚生年金＋基礎年金）であれば、
60歳から開始にすると、年金額月7万円
（1か月早くもらうと0・5％減額、5年早くもらうと30％減額）
70歳から開始にすると、年金額月14・2万円
（1か月遅くすると0・7％増額、5年遅くすると42％増額）

ねんきん定期便が手元にあると簡単に電卓で繰上げ、繰下げの額を自分で計算してみることができます。

ただ、ねんきん定期便に65歳より前から支給される厚生年金がある人（図表14のような人）の繰上げについては、しくみが少々難しく注意する点もあり、ねんきん定期便だけでは説明不足です。繰上げや繰下げは年金事務所で相談するか専門家への相談で説明を受けることをお勧めします。

図表13 ● 65歳から年金を受け取る人の繰上げ・繰下げ

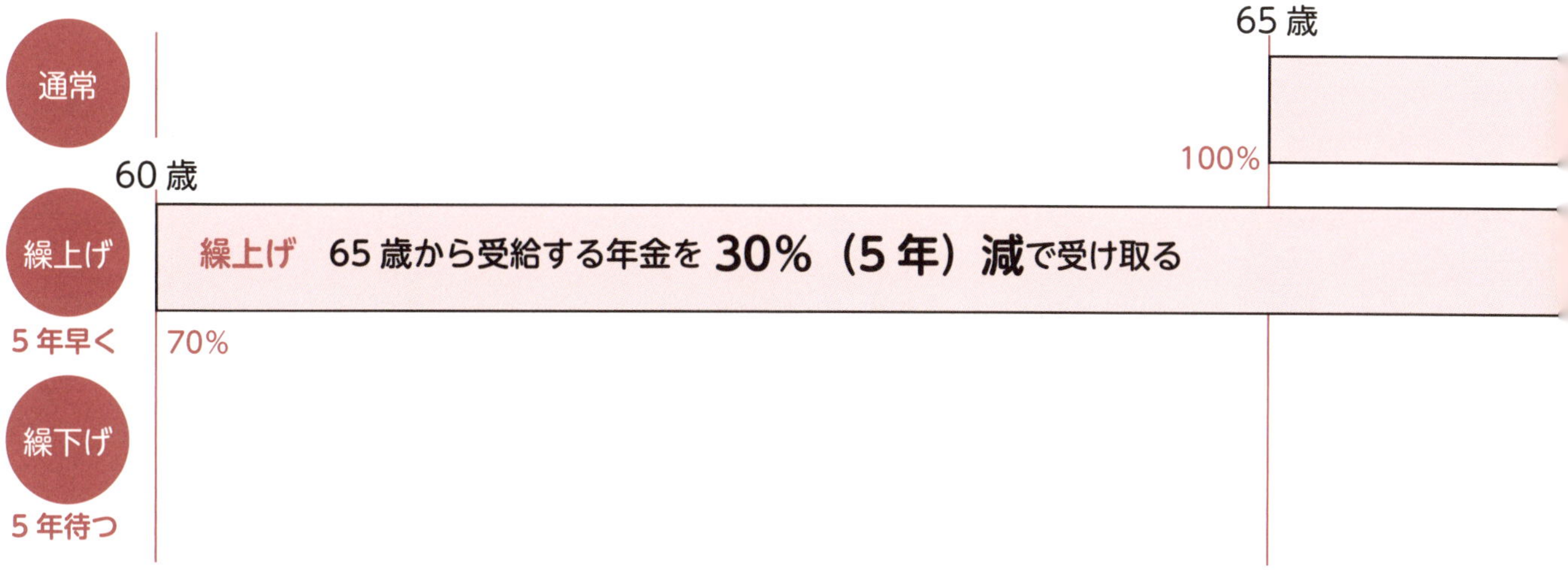

図表14 ● 65歳より前に受け取る年金がある人
例　63歳から（特別支給の）老齢厚生年金が出て65歳から基礎年金が出る人

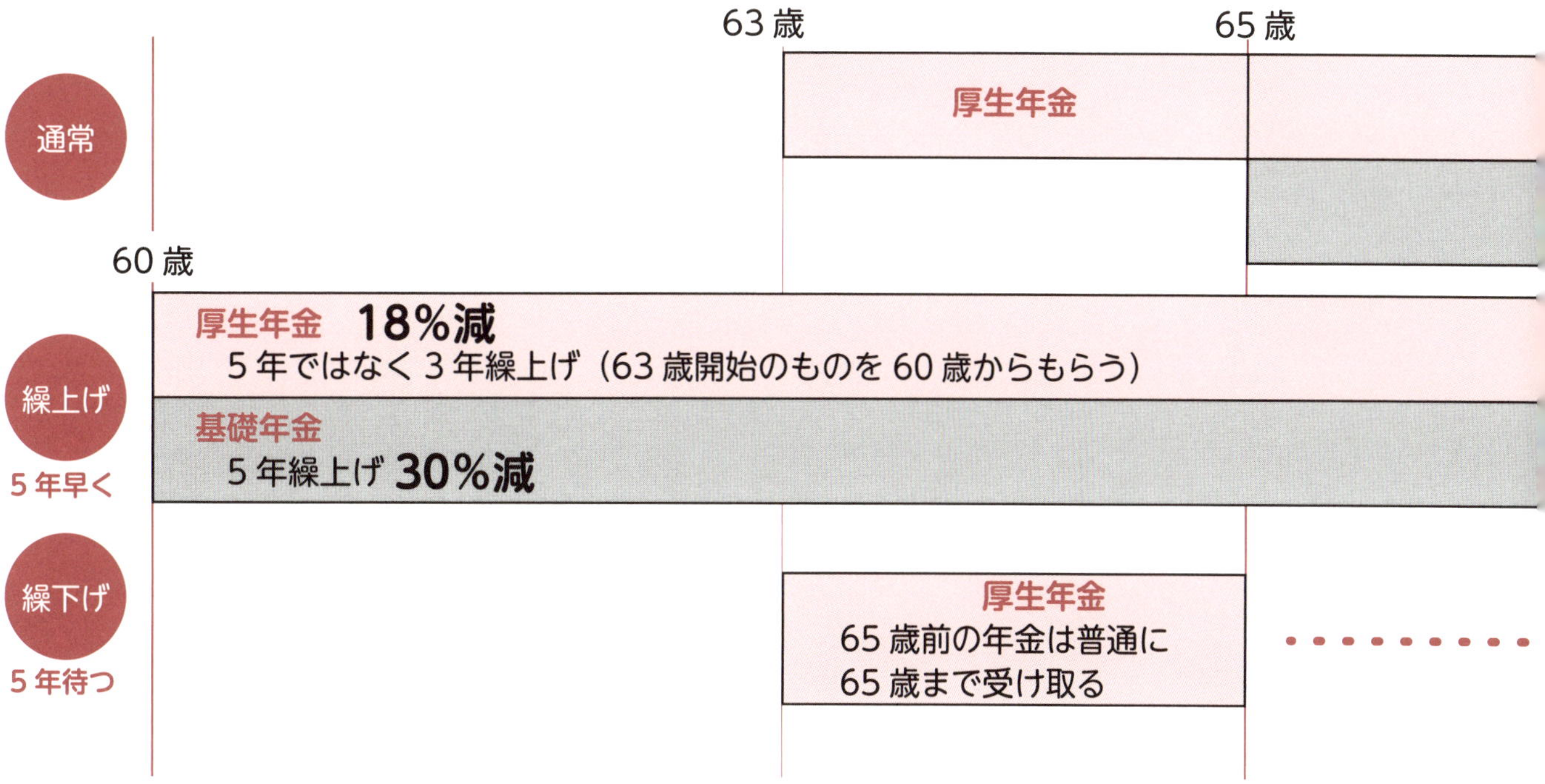

マンガと解説でよくわかる5つのケーススタディ

ケーススタディ1

夫婦ほぼ同年齢で同時期に年金暮らしとなりそうな場合

ケースA
35歳の夫婦、将来設計の不安?の巻
うちの会社のボーナス減っているだろ、定年後の厚生年金も減るな～
それ困る! 将来設計が狂っちゃうわ!

ケースB
59歳の夫婦、長生きしちゃいそう?の巻
90歳を過ぎても、ハワイに行けるかしら?
ALOHA～ OE
お互い元気なら、大丈夫さ!
ハワイ

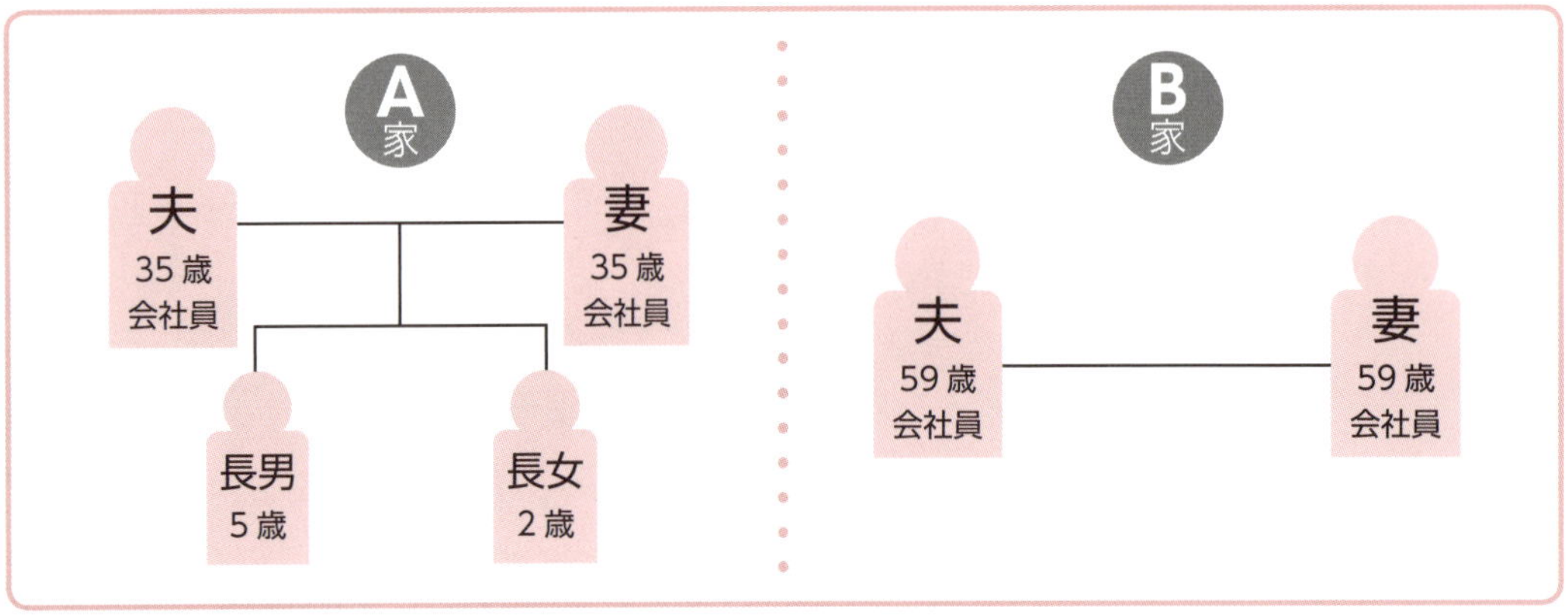
A家
夫 35歳 会社員
妻 35歳 会社員
長男 5歳
長女 2歳
B家
夫 59歳 会社員
妻 59歳 会社員

A家の現状

夫・妻ともに35歳、子ども2人（2歳、5歳）、共働き。夫の勤めるT工業は最近、業績が振るわずリストラを実施。当人はリストラ対象にはならなかったが、将来の退職金減額に不安を持つ。妻は、最近勤めに出て厚生年金資格を得た。ただし事務補助の仕事であり、妻の収入では2人の子どもの育児費用がかかることもあり、あまり貯金できない。

B家の現状

夫・妻ともに59歳、子どもなし、共働き。夫は専門商社に勤務。子どもがいないこともあり、夫婦で趣味や海外旅行に使うなど贅沢してきた。企業年金もあるからと考え、貯金はあまりない。最近、これから長生きした場合のマネーライフが不安になっている。年金でどのぐらいもらえるのか、将来設計を安定させたい。

解説

ケースA

専業主婦の年金額は少ない

正規職員の共働きのような世帯でない限り、夫と妻の公的年金合計だけでは老後の生活費を賄うにはやや足りないのが現在の一般的な老後の姿です（総務省家計調査によると老後夫婦世帯の必要生活費は月額約26万円）。

この夫婦の場合、妻は最近厚生年金に加入したということで、ずっと第3号被保険者（俗にいうサラリーマンの妻）でいるよりは良い選択をされたのですが、事務補助の仕事ですからそう賃金が高くなく、妻の老後の厚生年金も多くないと予測されます。

第3号被保険者は保険料の個人負担がないため「非常に効率がいい」のですが「年金額が少ない」という欠点があります。夫がかなりの高収入で預貯金ができ、かつ夫の年金が高くない限り老後生活費用が不足しがちです。

35歳時の定期便には年金見込額は載っていない

子どもが小さい時は教育費をはじめ費用もかかり、預貯金も十分にはできません。この時期は基礎となる公的年金だけは確実に積み上げていくのが最低かつ最大の老後準備です。

このご夫婦は、年金額は定期便を見なさいという会話をされていますが、35歳の人に送られてくる定期便には年金見込額は載っておらず、35歳時点までの加入実績による年金額が載っています

将来年金額は加入年数から見ておおよそ現在の実績額の2・5倍と予測できますが、あまりにも先のことです。大変参考になりますが、年金開始年齢まで長いので、いろいろと対策を考えていくのが良いでしょう。

ケースB

まずは夫婦の合計年金額を確認

子どもがいない共働き夫婦の場合、基本的には老後の年金は夫婦合わせての額で普通に老後生活するのに必要な生活費を賄える年金はもらえると予想されます。

夫婦とも50歳を超えていらっしゃるのでねんきん定期便にも年金見込額が載っていますから、まず夫婦の年金額を合計してみて、老後にいくらの年金額がもらえるのかを実際に確認してください。

企業年金は何歳まで受け取れるかが重要

企業年金については、以前は終身年金である厚生年金基金が主流でしたが、今は確定拠出年金や確定給付企業年金、あるいは退職金の年金払いである中退共等、「10年間、20年間」など期限を区切った年金が主流になっています。期限のある年金の終了後は年金は公的年金だけになり、確実に収入は減少します。しかし、逆に介護費用負担がかなり重い最近では、人生の最終末期に思わぬ費用負担が増えることも少なくありません。

まず終身年金である公的年金額の確認、そして企業年金額の確認、企業年金は年金額だけでなく、どういうしくみで何歳まで受け取れるかということが重要で、その終了後の生活が公的年金＋預貯金等の取崩しで以前と変わらずやっていけるかどうか、ざっとシミュレーションをしておきましょう。

不足するようなら預貯金を増やしたり別途民間保険会社の介護保険への加入等の対策が必要になります。90歳になるころ介護費用がかからないほど元気であれば、そのために蓄えておいたお金でハワイに行かれたらどうでしょう。

●ほぼ同時期で年金暮らしになりそうな夫婦の年金

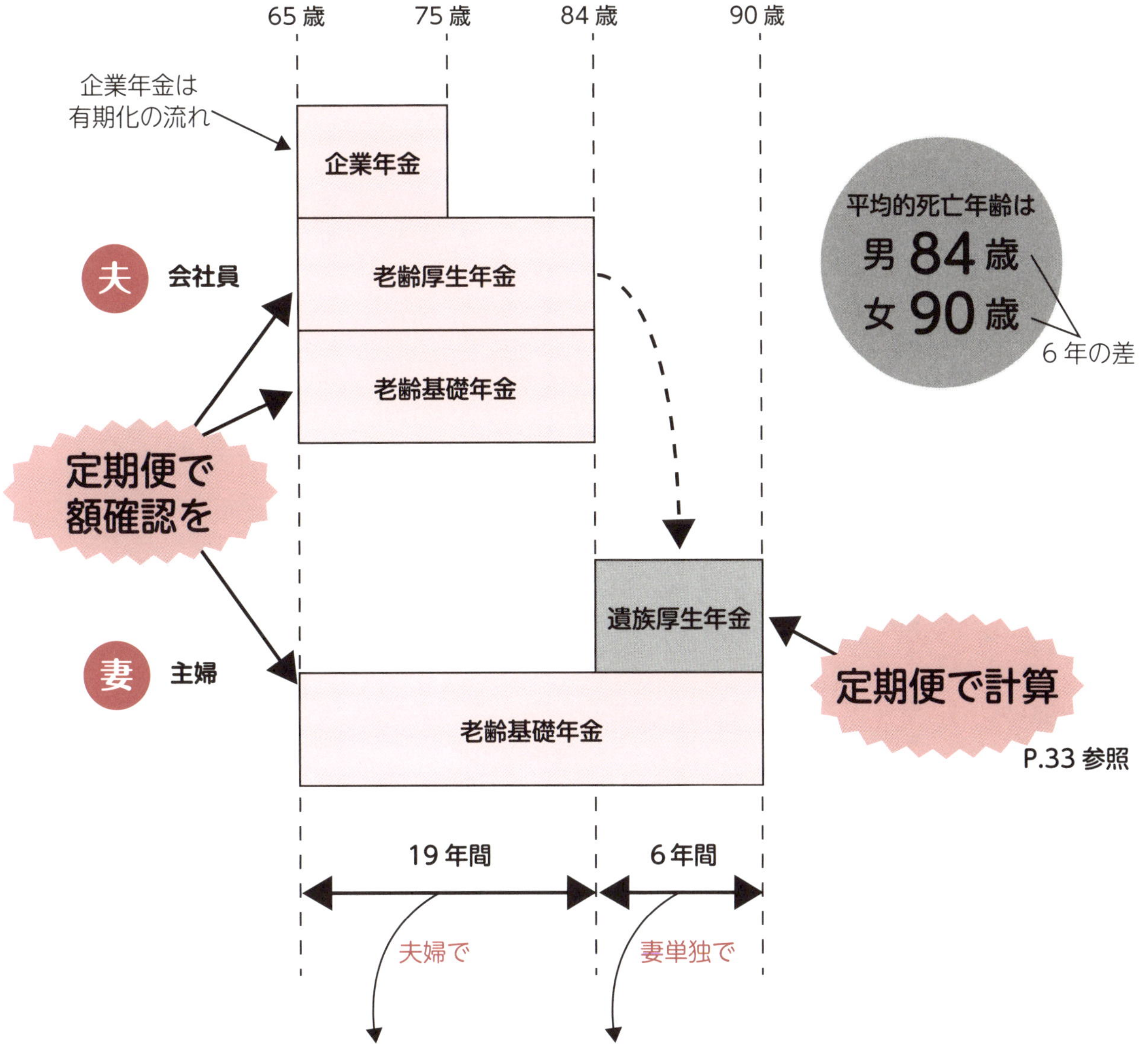

どう暮らしていくか？

- 夫の年金加入期間が短い、給与が低い➡厚生年金が少ない
- 妻単独での生活シミュレーション（夫死亡後）

➡妻の国民年金未納などがあると大変

ケーススタディ❷

お一人さまの場合（男・女とも貯金はあり）

Aさん
独身男性
35歳
自営業

Bさん
独身女性
45歳
会社員

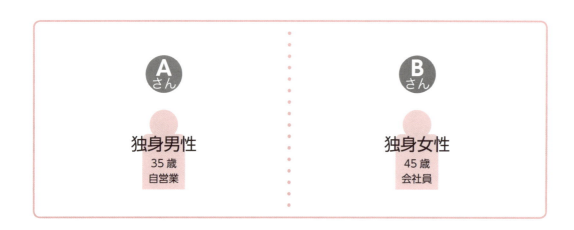

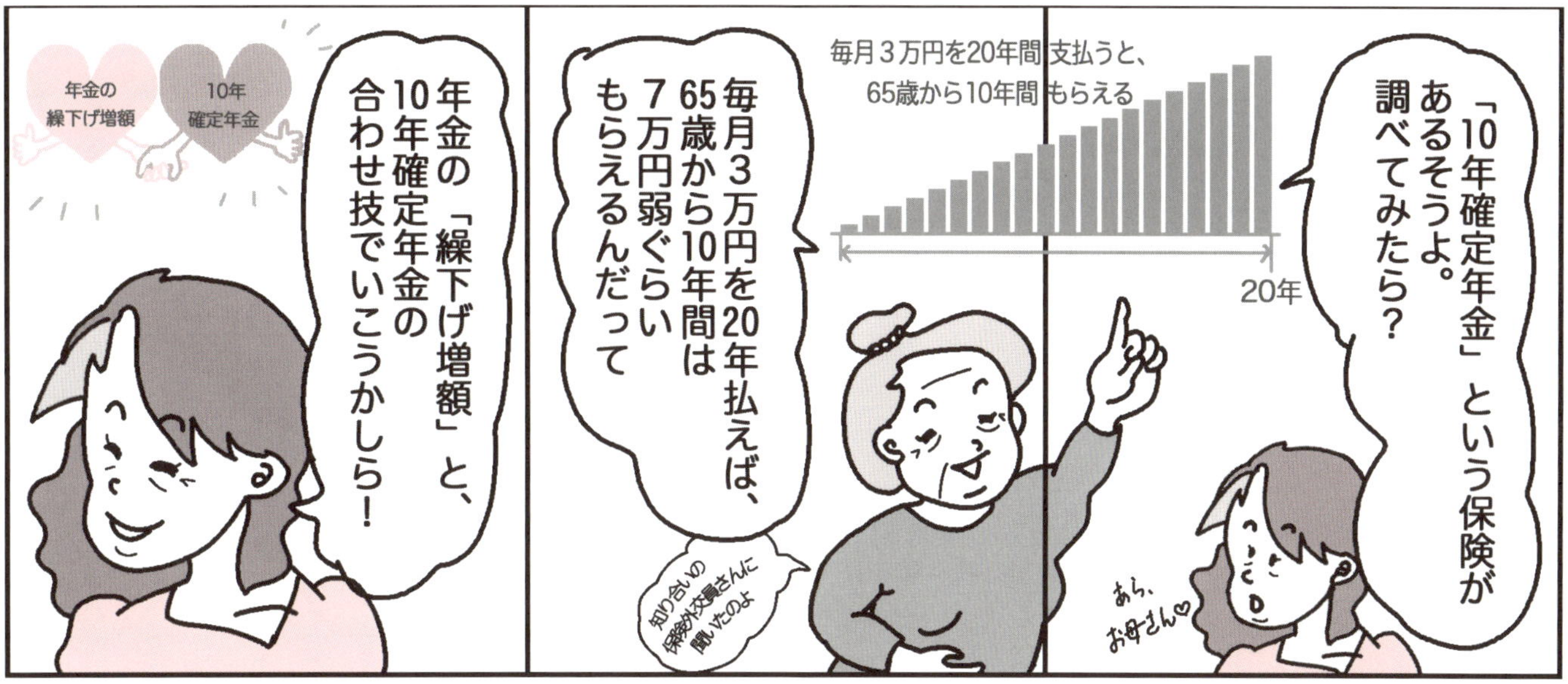

Aさんの現状

男性35歳、独身のウェブデザイナー。自分の仕事に誇りと自信がある。国民年金には加入している。401Kを始めた友人の話を聞き、また、ねんきん定期便を見て将来が不安に。ただし現在の収入はかなりあるので、将来に備えた対応を考えたい。今から公的年金を積み増す方法はあるか、私的年金の作り方も学びたいと思っている。

Bさんの現状

女性45歳、独身。外資系金融関連の会社勤務。ただし会社を複数回変わったので、公的年金を確認したいが、今のところアクションはしていない。現在、年収はソコソコあるが、外資系だけにリストラの不安もある。同時に60歳以降の仕事人生にも不安を感じている。預貯金は1,000万円ある。さらに各種年金制度を使った積立てをすべきか悩んでいる。

解説

ケースA

自営業者は任意で加入できる年金制度の活用を

国民年金のみだと、どんなにがんばっても満額40年間保険料を払った時の年金額6・5万円（月額）が上限です。一人暮らしでもそれだけでは老後は不安になるのは当然です。

サラリーマンと違い自営業等の人には、年金不足を補うための有利に任意で加入する年金制度がいくつか用意されていますので、積極的に活用を検討されるのが良いでしょう。

よく使われている制度は、国民年金基金および個人型確定拠出年金（通称iDeCo）です。

国民年金基金は終身の年金でかつ老後の年金額は最初から決まっていますが、確定拠出年金は基本的に有期の年金で運用成績により年金額が増減する、などこの2つの間でしくみが違うので好みによってチョイスしてください。

節税メリットの一方でデメリットも

この2つの最大のメリットは税金優遇にあります。自営業の場合、国民年金基金とiDeCoの保険料を併用する場合は、両方を合わせて81・6万円（月6万8000円）まで所得控除することができます。控除されれば当然その分税金は安くなります。

この人は収入もかなりあるということなので、ほとんど利息の付かない低金利下でも、節税という点でお金を節約できるというとても有利な制度です。

ただし、国民年金基金は一時金での精算が一切できないこと、確定拠出年金は初期の一時期を除いて中途解約引出しができないことなど、預貯金と違って柔軟性がありませんから、そこは注意すべきところです。加入前にきちんとデメリットである点を確認しましょう。

iDeCoは商品内容により、元本割れするような内容の商品もあります。もちろん反面運用成績が良いときは大きくプラスになるのですが、老後の生活の柱とするならリスクは極力抑えるべきです。iDeCoの商品内容をきちんと把握しましょう。

●国民年金基金のしくみ

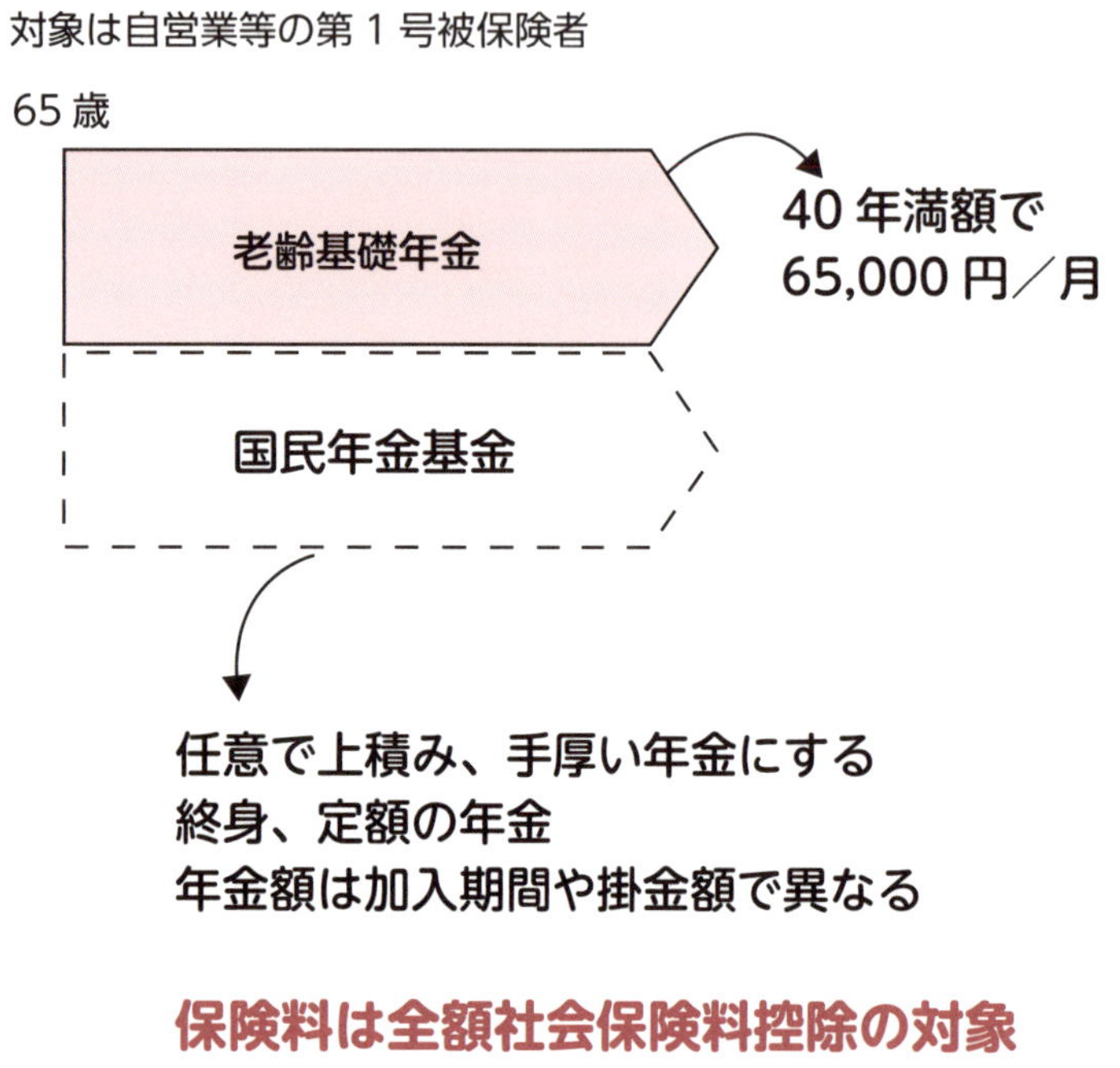

ケース B

公的年金の繰下げ＋有期型個人年金の合わせ技

45歳の時のねんきん定期便ではその時点までの実績による年金額が表示されますので、まずそれを確認します。

厚生年金加入者で公的年金以外の部分を積み増すのは好ましく、公的年金の補完としては保険会社の個人年金とiDeCoが主流です。

個人年金も企業年金と同様「終身支給されるタイプの年金」は現在販売していないか、販売されていても外貨建てのような利用しにくいものなのが現状です。これでは終身の年金を増やしたいというこの人のニーズには合いません。

最近話題になっているのは、公的年金の繰下げ＋個人年金（有期型）という合わせ技です。具体的にいうと、65歳から受け取る年金を最大5年繰り下げて（42％増、例：10万円の年金→14・2万円に）年金額を増やす。ただそれだと65〜69歳の間は全く年金がない状況になるので、その間を個人年金や預貯金の取崩しで補うという接ぎ木型の年金設計です。

早めのお金の準備が老後の選択肢を豊かに

繰下げするかしないかは65歳の時に決めることなのですが、その時にお金の余裕がないと繰下げの選択肢はなくなります。早めのお金の準備が老後の選択肢を増やしてくれるという意味で、若い頃からの個人年金加入も使い方では大きな武器になります。

iDeCoも国民年金基金も、中途解約ができないという特徴があり、嫌がる人も多いのですが、逆にそれが老後資金準備という点でプラスに結びつくという側面もあります。

● iDeCoのイメージ

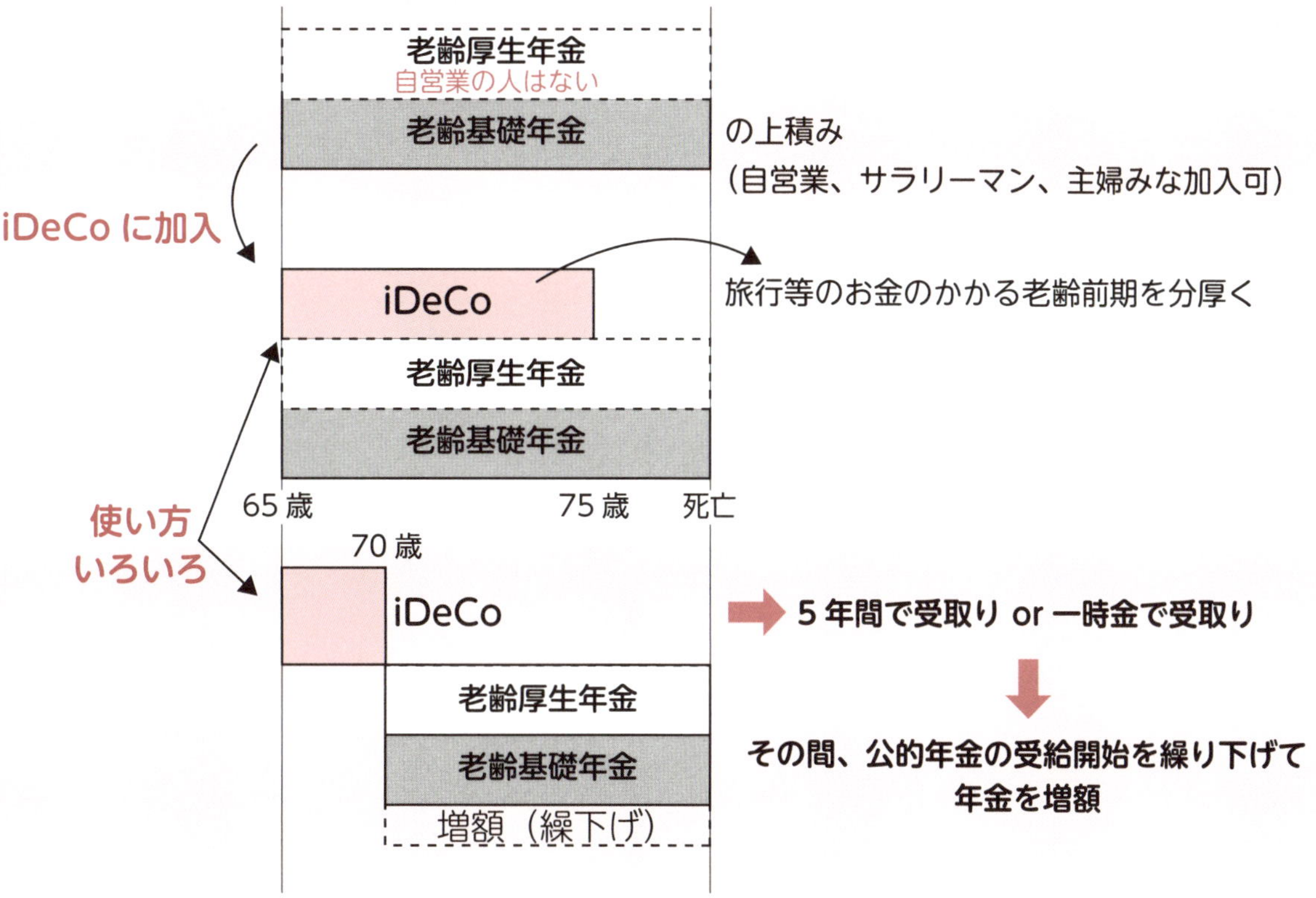

ケーススタディ③

年金加入期間に不足が出そうな人（独身、夫婦）の場合

A
35歳の独身貴族
公的年金に再加入
の巻
「年金加入期間の確認のお知らせ」が来たのよ。私、加入期間が短いんだって
あなたは、国の年金を信用していなかったものね

B
夫の年金が足りないけど…
の巻
水色のねんきん定期便が来たよ。オレ、空白期間があるんだ
ガーン
結婚前に、私に教えてくれなかったじゃないの！

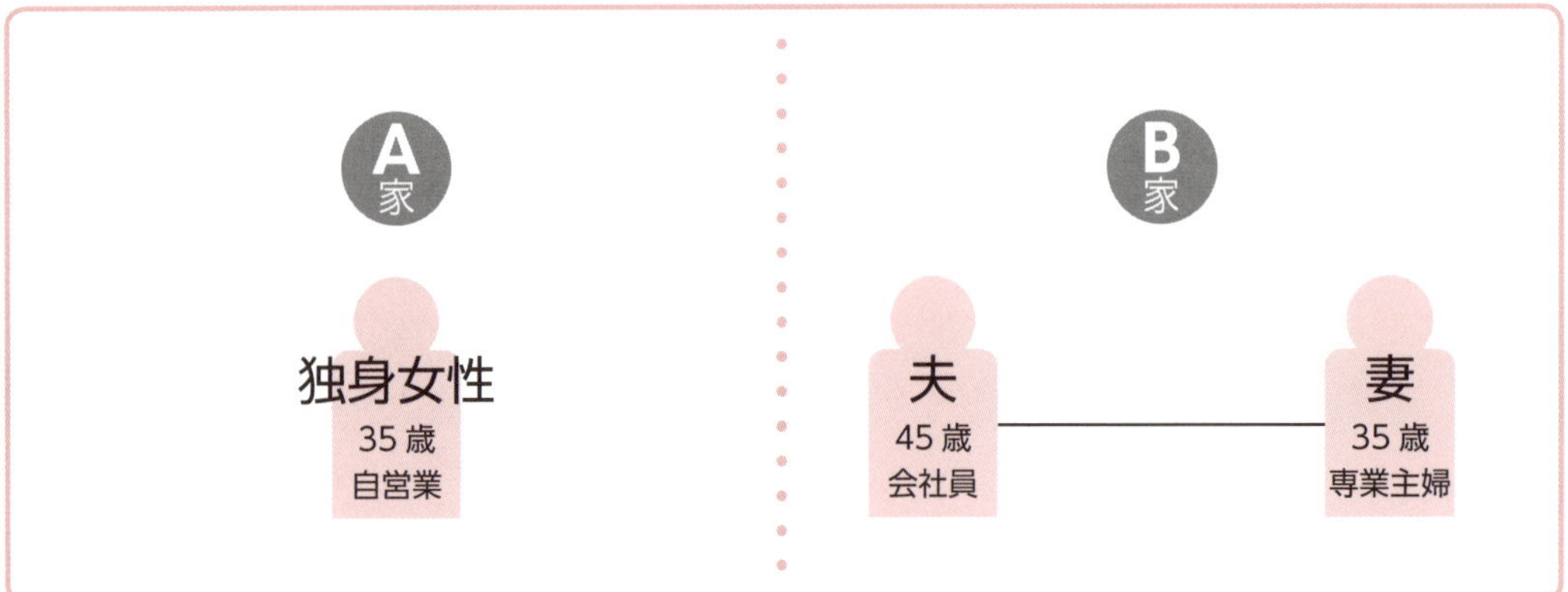

A家
独身女性
35歳
自営業
B家

45歳
会社員
妻
35歳
専業主婦

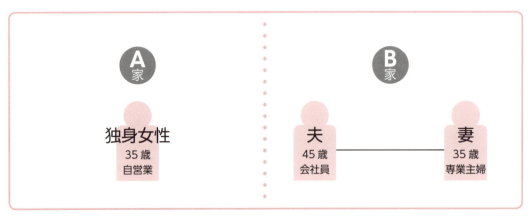

Aさんの現状

女性35歳、独身の生花作家。自分の判断として国の年金制度を信用できず、この10年近く年金を払ってこなかった。周囲がしっかり個人年金まで積み立てていると話していること、今回、ねんきん定期便を受け取ったことで、急に将来に不安を持ち始めた。預貯金は1,000万円ある。この年齢から公的年金に加入再開できるのだろうか。

B家の現状

夫45歳、翻訳会社勤務。最近、結婚したばかり。妻は35歳で今は仕事はしていない。夫はさまざまな仕事を転々としたため、この10年ほど年金の未払いが続いた。しかし払込期間がどの程度あるか、未確認状態だ。いまの会社では厚生年金にも加入している。年金積立の遅れを取り戻したいが、どこから手をつけるべきか。預貯金は500万円程度。

解説

ケースA

公的年金は強制加入なので勝手に加入したり抜けたりすることはできない、というのは法律の話で堅苦しいですが、そんな理屈の話を抜きにして、一つの金融保険商品とみなして中身を見ると、公的年金は非常に手厚いしくみとなっています。

公的年金のメリット

・国民年金保険料は半額国庫負担（自身の負担は半額、受給開始10年強で元が取れるほどに有利）
・支払保険料全額が社会保険料控除の対象となり税金が安くなる
・受け取る年金について公的年金控除枠があり税金が安くなる（ただし上限金額あり）
・年金は差押禁止債権である（自分の不動産などを担保に金融機関からお金を借りている中小企業経営者や自営業者にとって強い味方）
・年金額は物価スライドがありインフレに強い（反対にデフレ減額のリスクもあるが）
・病気やケガをした場合の障害年金や死亡した場合の遺族年金がセットになった総合保障型の年金

　これだけ有利なしくみを理解すれば、保険料を払う抵抗も低くなるのではないでしょうか。

公的年金は心配無用!?

　日本の公的年金が崩壊するような財政状態になった時、自分たちの持つ預貯金、生命保険、株や債券が無傷とは考えにくいです。現金をツボに入れて保管しておいても、円は国の信用に裏付けされるものです。日本経済全体が大きく傾けばインフレで紙屑です。結局公的年金の心配は、日本丸という船に乗って船の沈没を心配している側面があるのです。

●公的年金はいろいろ有利

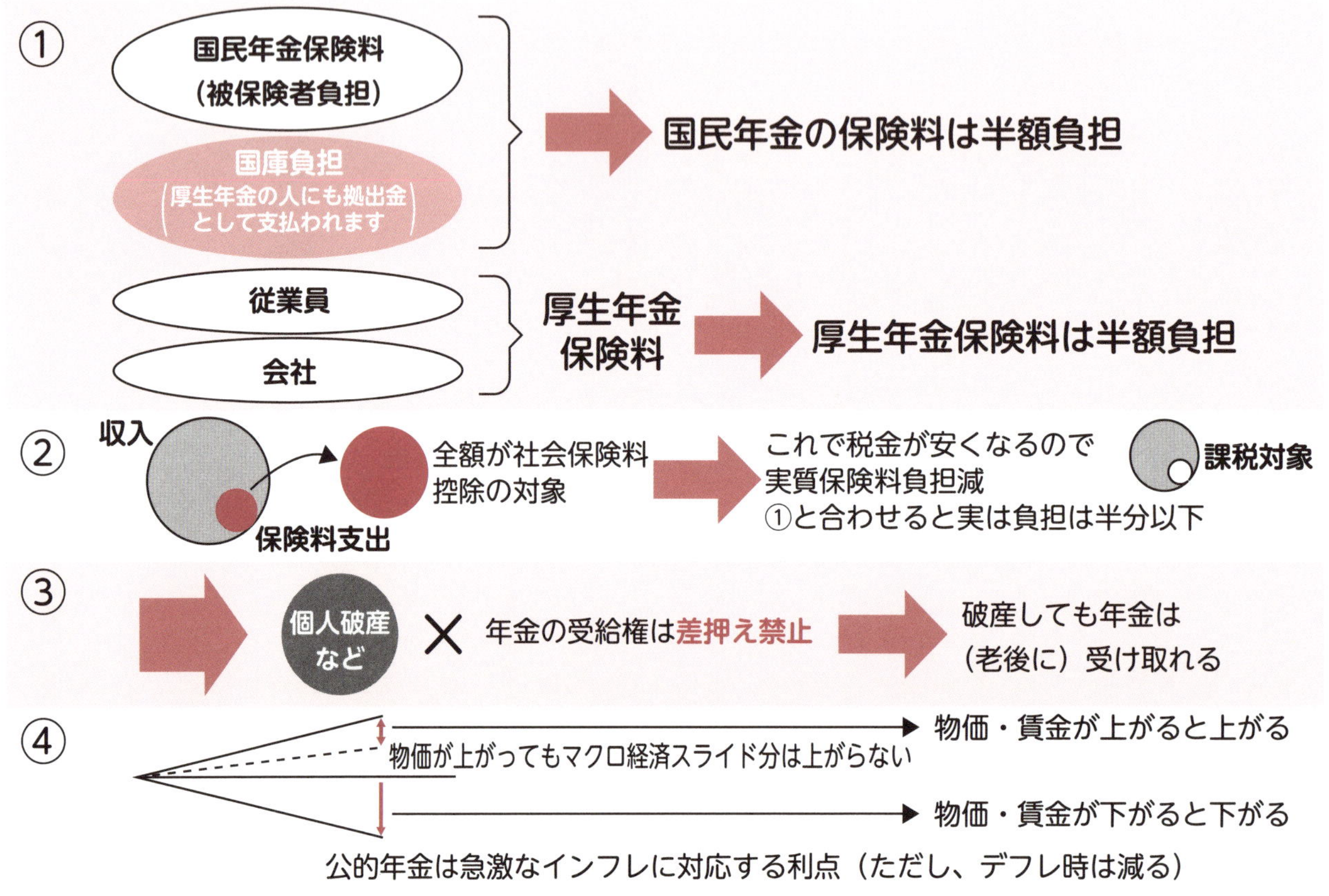
①
国民年金保険料（被保険者負担）
国庫負担（厚生年金の人にも拠出金として支払われます）
国民年金の保険料は半額負担
従業員
会社
厚生年金保険料
厚生年金保険料は半額負担
②
収入
保険料支出
全額が社会保険料控除の対象
これで税金が安くなるので実質保険料負担減
①と合わせると実は負担は半分以下
課税対象
③
個人破産など
×
年金の受給権は差押え禁止
破産しても年金は（老後に）受け取れる
④
物価・賃金が上がると上がる
物価が上がってもマクロ経済スライド分は上がらない
物価・賃金が下がると下がる
公的年金は急激なインフレに対応する利点（ただし、デフレ時は減る）

ケース B

封書形式の定期便は多くのことを確認する良い機会

転職歴が激しかった人は、年金記録がきちんとなっているかどうか、転職をしなかった人より丁寧に確認する必要があります。年金記録問題が騒がれたときも短期間だけ勤務している人の加入期間の漏れが顕著でした。勤続期間が長い会社の記録漏れは誰でもすぐに気がつきますが、短期間だと気づかないでそのままということも多いのです。

この人にはちょうど45歳時の定期便が届きました。

封書形式の定期便には、ハガキ形式の定期便と異なり、今まで勤めていた会社全部の経歴が載っていますので、確認をするにはちょうど良い機会です。

チェックポイントは、勤めていた会社が年金記録に載っているかどうか、その記録の入社日、退職日の間違いがないかです。

45歳時点で自助努力準備の確認を

特に厚生年金は、夫自身の老後の年金となるだけでなく、夫死亡後の妻の遺族厚生年金の元となるものです。この夫婦の場合年齢差が10歳、夫が先に亡くなる可能性がとても高く、妻は自分自身のためにも夫の尻を叩いてもきちんと記録を確認しておきましょう。

また夫の定期便で現在時点の年金額を確認すると、この状態が続けば老後の年金が不足気味になりそうと予測でき、妻が働きに出る動機づけにもなります。

公的年金は実績の積上げなので将来急激に増えたりしません。45歳時で将来の年金不足が強く考えられる時は、個人年金や預貯金という自助努力準備が必要になります。

●「年金記録訂正請求書」の書き方

質問5. 年金手帳又は厚生年金保険被保険者証はお持ちですか。 （ある）・ ない	年金手帳全頁の写し □添付　□未添付 被保険者証の写し □添付　□未添付
質問6. 雇用保険や厚生年金基金等の加入が確認できる資料はお持ちですか。 ある ・（ない）	雇用関係資料の写し □添付　□未添付 基金関係資料の写し □添付　□未添付
質問7. 当時の健康保険被保険者証はどのようなものでしたか（どこからもらいましたか）。 ××××××××××············	
質問8. 当時の事業主、同僚、経理担当者など、勤務の事実について証言をしてくれる方がいますか。 （氏名・関係）酒田△夫 ・ 上司　（電話番号）▽▽−▽▽▽▽−▽▽▽▽ （氏名・関係）近藤○子 ・ 同僚　（電話番号）×××−××××−×××× （氏名・関係）　・　（電話番号）	

当時の給与明細、源泉徴収票、確定申告書、家計簿など
⇒証拠となる可能性のあるものはすべて提出

●転職の多い人は「年金加入履歴」で確認を！

これまでの『年金加入履歴』
表示している『年金加入履歴』に「もれ」や「誤り」がないかご確認ください。
（このお知らせの見方については、見方ガイドの6～9ページをご覧ください。）

①番号	②加入制度	③お勤め先の名称等	④資格を取得した年月日	⑤資格を失った年月日	⑥加入月数
1	厚年	CBA株式会社	平成7.4.1	平成9.10.1	18
		（基金加入期間）	平成7.4.1	平成9.10.1	18
2	国年	第1号被保険者	平成9.10.1	平成11.4.1	18
		（空いている期間があります）			
3	厚年	株式会社甲乙丙	平成12.10.1	平成20.4.1	90
6	厚年	アイウ株式会社	平成26.10.1	平成29.6.20	32

実際には会社勤めをしていたにもかかわらず、記録が抜け落ちている可能性はないか？

ケーススタディ ④

妻が夫より年下で子どもも幼い場合

ケース A 知りたくなかった加給年金の恐怖 の巻

年金暮らしになったら、…生活、やっていけるかな…
調べたのよ。そうしたら、私の家は加給年金がもらえるんだって!
だって、年下の妻だも〜ん
ねんきん定期便

ケース B 年齢差のある夫婦の危機 の巻

うちは、年齢差が21歳あるし、老後が心配だわ
俺が65歳で定年になったとして、君は15年以上、自分の国民年金を支払わなければならなくなる
ABC
ENGLISH How to ABC

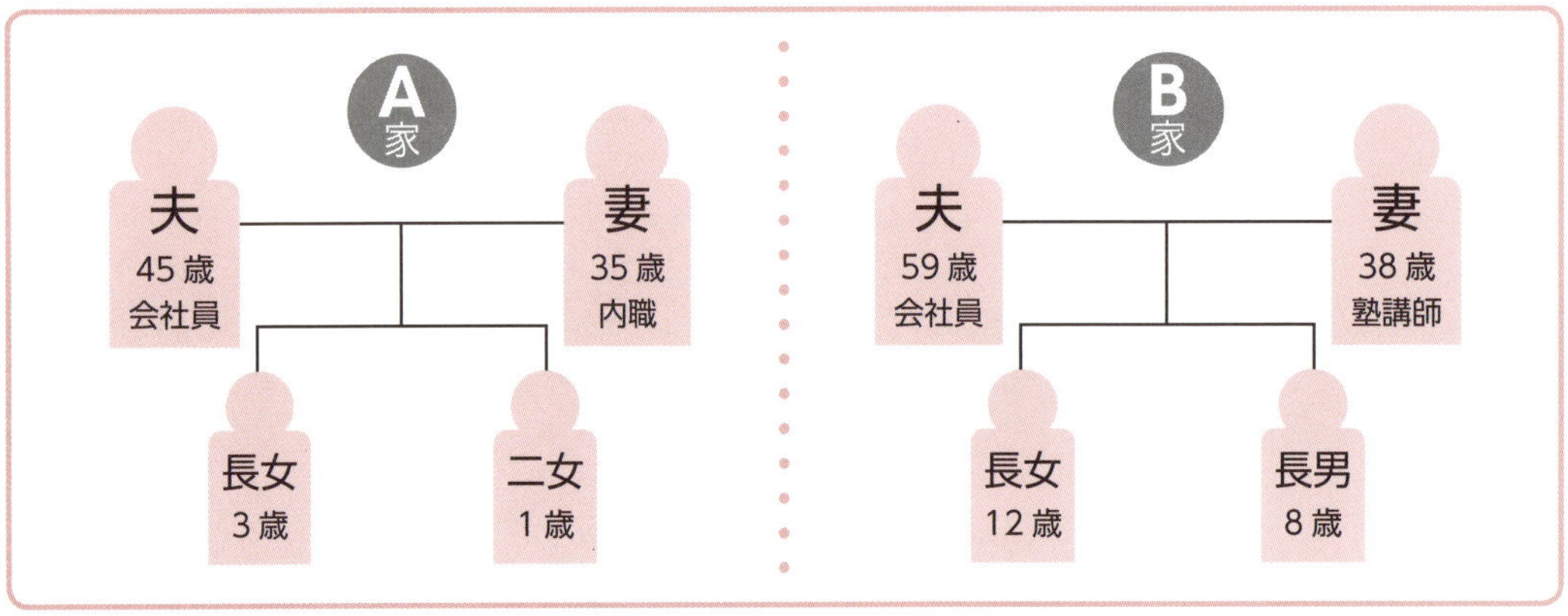
A家
夫 45歳 会社員
妻 35歳 内職
長女 3歳
二女 1歳
B家
夫 59歳 会社員
妻 38歳 塾講師
長女 12歳
長男 8歳

A家の現状

夫45歳・妻35歳、子ども2人（1歳、3歳）。妻は自宅でドライフラワーの内職。夫の勤めるN食品メーカーは、安定した業績。だが、妻と10歳の年齢差があるので20年後が心配。20年後に子どもは成人しているが、まだ下の子は大学生だろう。加給年金でどのくらいもらえるか。今のうちから生活設計をしっかり立てたい。

B家の現状

夫59歳・妻38歳、子ども2人（8歳、12歳）。妻は自宅で英語教室の先生をしているが、収入は安定していない。年金暮らしになったら、しっかり暮らしていけるか不安がある。会社の退職金が減額され続けているのも不安。貯蓄は現在夫婦で1,200万円ほど。将来の教育資金に不安もある。特に私的年金の積立てはしていない。

解説

ケースA

加給年金って何？

加給年金は、一種の家族手当のような年金で、夫が年上の世帯では、夫が20年以上会社（役所等）にお勤めだった場合、夫が65歳から妻が65歳になる時まで、年間約39万円（月額3・25万円）の年金が上積みされます。年齢差の少ない夫婦や妻が年上のようなケースでは影響は少ないですが、事例のような夫婦の年齢差が大きい場合は、かなり大きな意味を持ちます。

この事例では夫婦の年齢差が10年ありますから、加給年金も10年間支給されるため、累計で390万円ほどの支給になるからです。

妻が65歳以降の準備を

この夫婦の場合、問題は妻が65歳になってからです。ここから夫の加給年金がなくなりますので、夫の年金が月3・25万円減ることを前提に、老後生活を考えておかないといけません。

その減少分を少しでも補う振替加算という年金がありましたが、昭和41年4月2日以降生まれの人にはありません。

国民年金をしっかりかけていらっしゃるのでしたら、加給年金がなくなっても妻の国民年金が65歳から始まるので、家計全体ではプラスとなるのですが。

また第3号被保険者（サラリーマンの妻）は夫が退職または65歳、妻が60歳の時点で終了します。事例の場合、夫が65歳でも妻はまだ55歳です。

その後は妻自身が60歳まで保険料を実際に支払うことになります。未納せず国民年金保険料を納めておかないと、妻が65歳以降の年金が多くないので、55歳からの5年分の国民年金保険料（100万円程度）の準備も頭にいれておきましょう。

●加給年金がつく人、つかない人

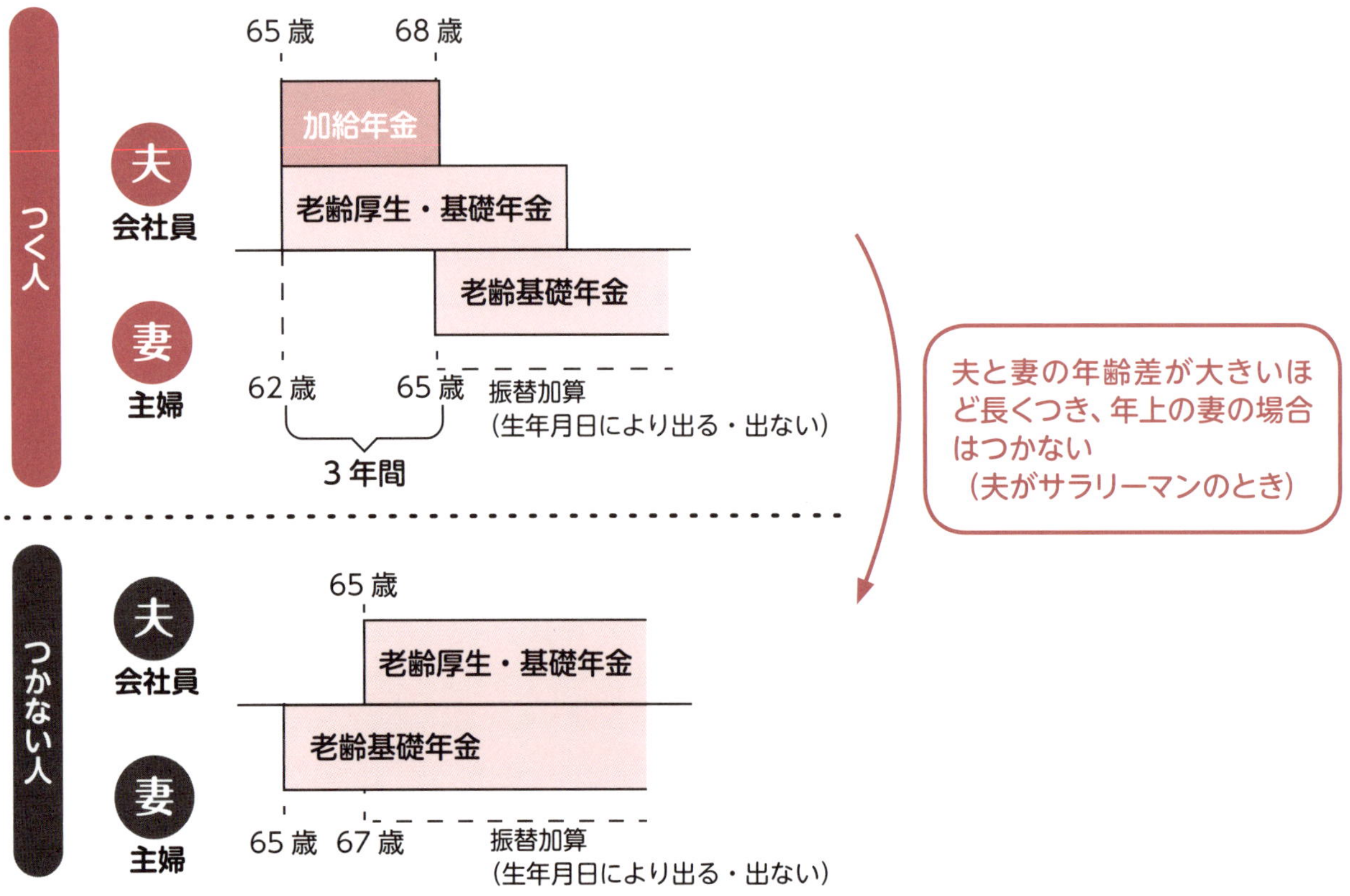

ケース B

夫婦の年齢差が大きい場合、妻は国民年金をかけ続ける必要

ケースAよりさらに年齢差がある場合ですから、最低でも妻は16年間、国民年金をかけ続けていかないといけません。

その原資を準備しておく必要がありますが、いっそのことサラリーマンの妻でずっといるよりは共働きで働きに出ることも選択肢の一つです。

妻の国民年金の保険料を夫退職後の家庭で預貯金から準備するのは下のお子さんの年齢（現在8歳）からして教育費その他がかかりますから、預貯金をしていてもかなりの勢いで目減りしてしまうというリスクがあります。

妻自身が働きに出て得る収入で不足する教育費と年金保険料（給与から天引きされます）を賄い、老後生活資金は妻が一人になった時の生活費を手厚く準備する計画を立てるのです。

59歳の定期便が来たら遺族年金の確認を

また、夫婦の年齢差が非常に大きい場合は、夫が死亡後に妻が一人で暮らしていく期間が長くなるので、遺族年金の知識は必須です。

夫が59歳の定期便がくると、この定期便を元にして遺族年金の計算をすることができます。夫の厚生年金の75％が基準、これに妻の国民年金を足したものが年金額になります。

年金に詳しい人に定期便を見てもらうと、夫死亡時の遺族年金額が推測でき、その時に備えた準備（保険等の加入等）もより現実的にできるようになります。

●定期便で夫が死亡した場合の遺族年金額がわかる

夫・妻ともに65歳以上で死亡した場合は、ねんきん定期便（50歳以上）で確認できます

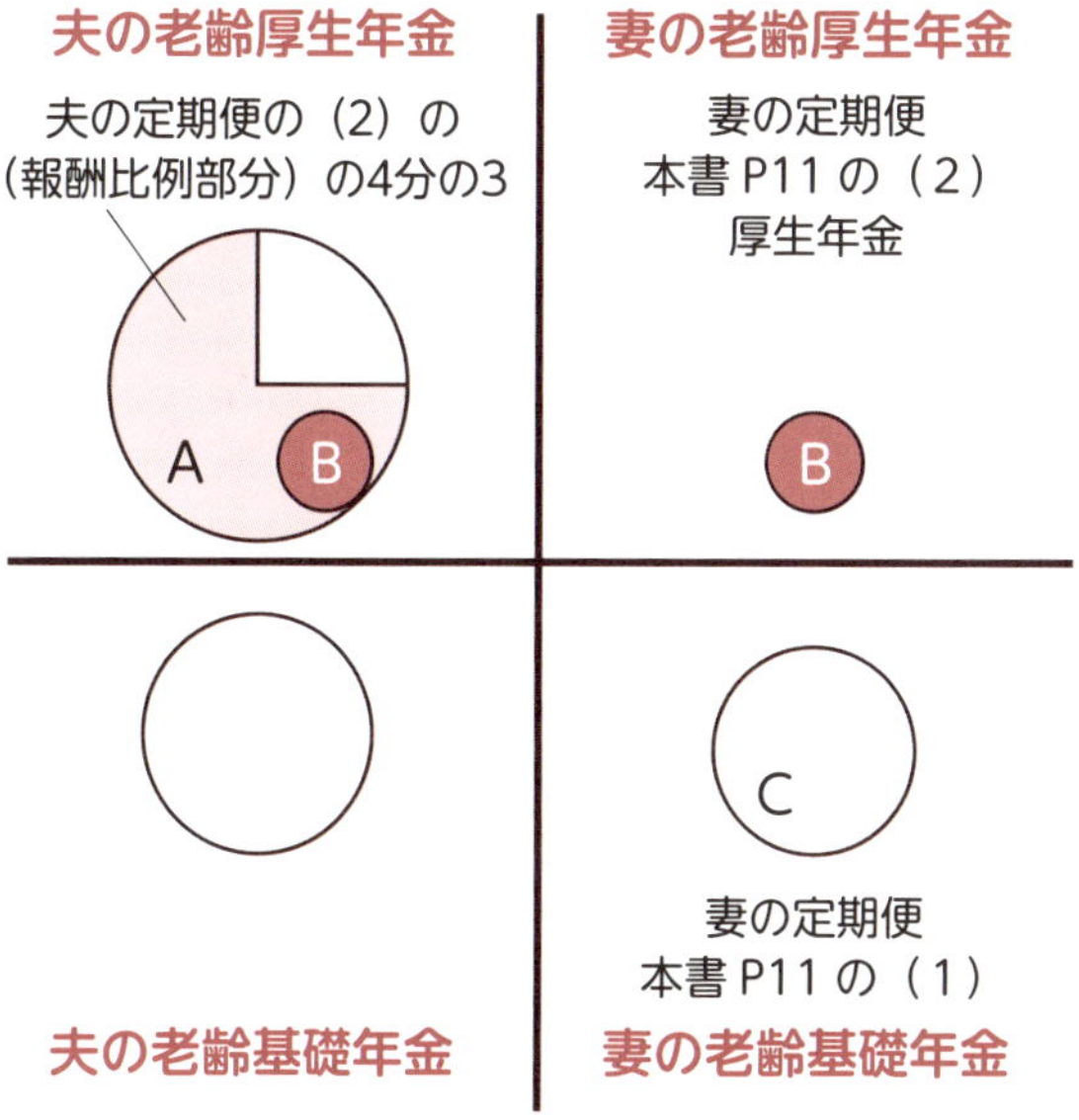

夫の老齢厚生年金　P11でいうと

854,690 × 3/4 ＝ 641,080円

⇒これが基本

夫の死亡後
A…夫死亡による遺族厚生年金
B…妻自身の老齢厚生年金
C…妻自身の老齢基礎年金

内訳は変わるが額は同じ

妻の年金は
Bがゼロのとき　A（夫の老齢厚生年金の3／4）＋C
Bがあるとき　（A－B）＋B＋C
※（A－B）が遺族厚生年金額
（妻自身に厚生年金期間がある）

要注意 ただし、妻の厚生年金期間が長い共働きの場合は、上の試算は使えません。

ケーススタディ⑤

将来身内の看病・介護が必要になりそうな場合

ケースA 病弱な年上女房 老後生活が心配の巻

私、慢性肝炎もあるんだって。働きに出て老後資金を作ろうと思ったけど、無理ね
医療費も、今よりもっとかかるかもな

ケースB パートを辞める？ いや、辞めない？の巻

おふくろの認知症は、だいぶ進んでいるらしいよ
ただいま〜
おかえりなさい
ヘルパーを頼むにしろ、日中誰か家にいてあげないと

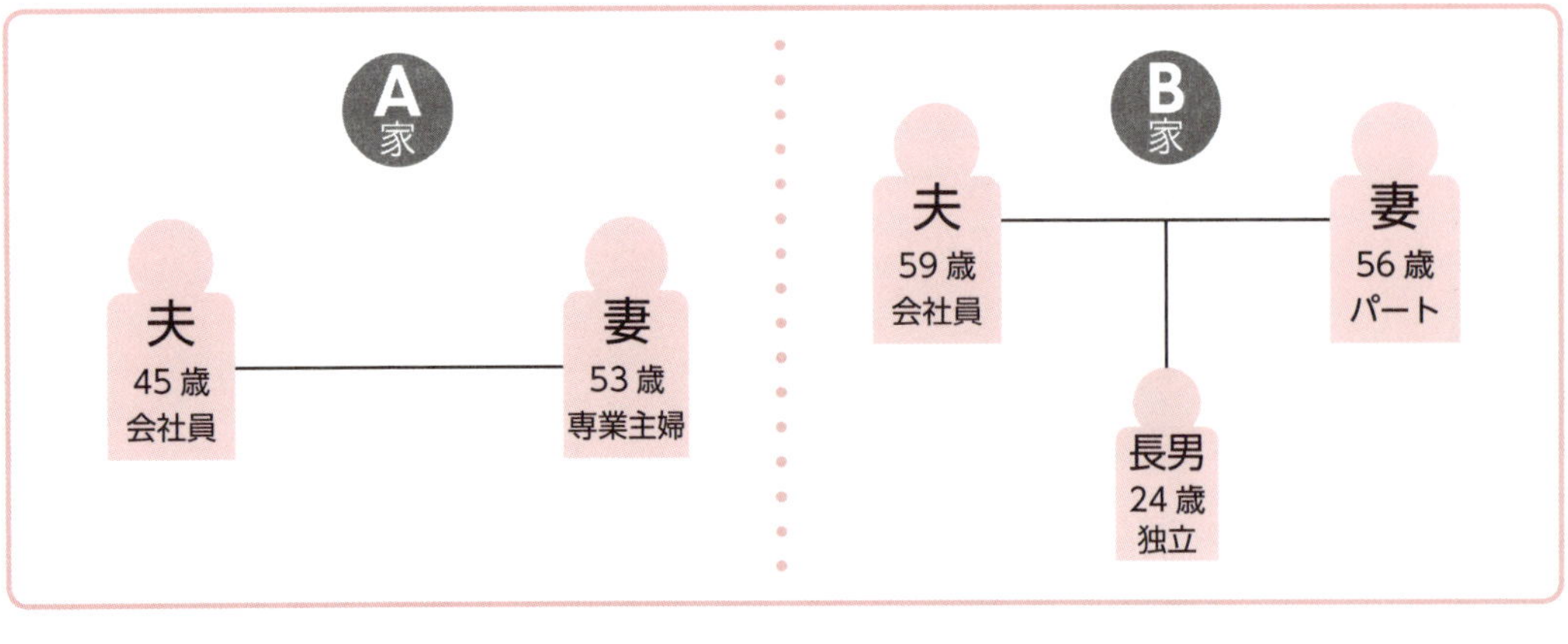
A家
夫 45歳 会社員
妻 53歳 専業主婦
B家
夫 59歳 会社員
妻 56歳 パート
長男 24歳 独立

A家の現状

夫45歳・妻53歳、子どもなし。妻はもともと気管支が弱く病弱。妻が先に年金生活に入るが、専業主婦だったので年金はあまり期待できない。将来の病気・介護に備えた対応は特にしていない。現在預貯金は1,800万円あるが、将来に備えた私的年金には加入していないので、心配だ。

B家の現状

夫59歳・妻56歳、子どもは1人ですでに成人。夫は中堅メーカー勤務。妻は近所のスーパーでパート勤めをしている。同居中の夫の母親に認知症が出ている。いずれ介護施設への入居を考えているが、母親に金融資産はほとんどない。夫の預貯金は約1,500万円。母親を介護施設に入れたあと、自分たちの老後を考えると資金ショートが心配だ。

解説

ケースA

妻が年上の場合は夫婦一緒の老後生活資金が重要

8歳年上の専業主婦の妻がいる例ですが、妻が年上の場合は、死亡年齢平均の男女差を考えると、夫死亡後の妻の生活がないかあるいは短いことが多くなりますので、夫死亡後の妻のことよりも夫婦一緒に暮らす老後のことがより重要になります。

このケースで夫が65歳でリタイアするとその時には妻が73歳、また夫が70歳まで働けば妻が78歳で、生活費の不安は夫が妻がかなりの年齢になるまで働いているので、妻の年金が少ないことは、夫が年上の夫婦よりも影響が少ないと考えることができます。

病気を理由に年金を早くもらうのは考えもの

妻は気管支や肝炎の病気をお持ちですので、病気になるといつまで生きるか不安だからと早く年金をもらいたい、つまり繰上げをしたいと思う人も多いようです。しかし、病気が重くなってからの医療費、介護費、病院への通院タクシー代等の諸費用の負担がバカにならないことを考えておく必要があります。

余命宣告をされたというような場合を除いて、病気だからといってすなわち年金を早くもらうという考えはやめるべきです。年金は早く死んだら損だから少なくなっても早くもらわないと、というのはポックリと逝った場合だけです。私たちは病気で長患いをするときの費用の問題を忘れがちになってしまいます。慎重に検討してください。

もう一つ定期便には出ていませんが、障害基礎年金は65歳まで権利があります。65歳までに病状が悪化した場合は、支給可能性があることは心しておくべきでしょう。

ケースB

安易な介護離職は避けるべき

今、親が要介護状態となったとき一番やってはいけないといわれているのは、介護離職です。

夫は定年に近く、介護のために離職したいと思うかもしれませんが、年金支給開始年齢が65歳に近づいているため、60歳以降は継続雇用で働くのが前提の社会構造の今、60歳で完全退職となると、大幅な総収入減となります。

仮に60歳から5年間定年再雇用で給与が大幅減したとして、20万円×5年間雇用という条件だとしても、無職の場合との比較で、20万円×5年×12か月＝１２００万円の総収入減、しかも老後の厚生年金は増えません。

さらに、65歳前の年金は50歳以降の人に届くねんきん定期便を見ていただくとわかりますが、額がかなり少ないです。生活には不足する額なので、老後生活が本格化するよりはるか前に、虎の子の退職金に手をつけてしまうリスクがあります。

介護離職の被害を子ども世代が被る事態も

妻が介護のためにパートを退職した場合も、たとえばパートで月10万円の収入がある場合は、1年で１２０万円、5年で６００万円の収入減です。

自分たち夫婦が介護のため生活水準を切り詰めるだけだからよいだろうと思っている人もいらっしゃいますが、大間違い。親の介護が終わった何十年か後、夫婦の

どちらかまたは両方が要介護状態になった時、子ども世代は介護費用をまず親の年金と預貯金で賄います。それが足りないとどうなるでしょう。

実は、介護離職の被害を巡り巡って子の世代が被って苦しむという側面もあるのです。くれぐれも安易な離職は避けましょう。

●介護離職すると自分の老後が危ない!!

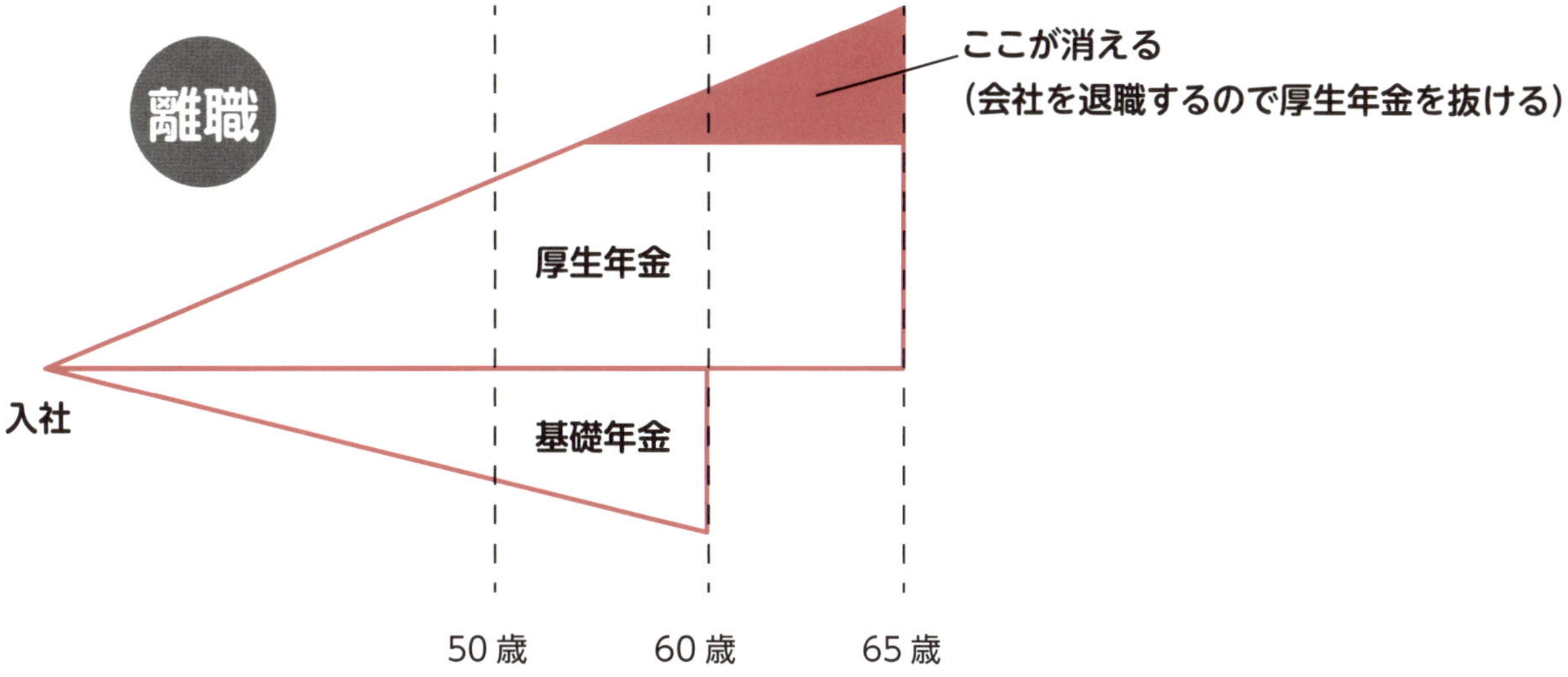

◎介護離職のマイナス ①収入減 ②退職金減 ③年金減 の三重苦になるリスクあり！

〈年金減の例〉

50歳時の給与 **50万**円（賞与なし）で **60歳**定年（その後継続雇用で65歳）まで働く予定の人

➡ もしこの人が定年より10年早く50歳で介護離職すると、

最低約 **30万**円（月 **2.5万**円）の**年金減**になります

↓

定期便マイナス30万円でやっていける？

※国民年金保険料はその後全額納付したと仮定しましたが、生活が苦しくなり保険料を免除したり、滞納したりすると、その分さらに減るリスクがあります。

生年月日でわかる あなたの年金支給開始年齢

生年月日 男性	生年月日 女性	特別支給の老齢厚生年金 報酬比例部分	特別支給の老齢厚生年金 定額部分	老齢厚生年金・老齢基礎年金
昭和16年4月2日〜昭和18年4月1日	昭和21年4月2日〜昭和23年4月1日	60歳	61歳	65歳
昭和18年4月2日〜昭和20年4月1日	昭和23年4月2日〜昭和25年4月1日	60歳	62歳	65歳
昭和20年4月2日〜昭和22年4月1日	昭和25年4月2日〜昭和27年4月1日	60歳	63歳	65歳
昭和22年4月2日〜昭和24年4月1日	昭和27年4月2日〜昭和29年4月1日	60歳	64歳	65歳
昭和24年4月2日〜昭和28年4月1日	昭和29年4月2日〜昭和33年4月1日	60歳		65歳
昭和28年4月2日〜昭和30年4月1日	昭和33年4月2日〜昭和35年4月1日	61歳		65歳
昭和30年4月2日〜昭和32年4月1日	昭和35年4月2日〜昭和37年4月1日	62歳		65歳
昭和32年4月2日〜昭和34年4月1日	昭和37年4月2日〜昭和39年4月1日	63歳		65歳
昭和34年4月2日〜昭和36年4月1日	昭和39年4月2日〜昭和41年4月1日	64歳		65歳
昭和36年4月2日以後	昭和41年4月2日以後			65歳

支給開始年齢の特例

昭和16年（女性は昭和21年）4月2日以後に生まれた方でも、次のいずれかに該当する場合は、特例として、報酬比例部分と定額部分を合わせた特別支給の老齢厚生年金が支給されます。

①厚生年金保険の被保険者期間が44年以上の方（被保険者資格を喪失（退職）しているときに限る）

②障害の状態（障害厚生年金の1級から3級に該当する障害の程度）にあることを申し出た方（被保険者資格を喪失（退職）しているときに限る）※申出月の翌月分から特別支給開始となります。

※公務員と私学教職員の女性については上の表の、男性と全く同じです。

例　昭和35年5月生まれで10年民間企業、30年公務員の方

62歳　→　厚生年金保険（民間企業部分）　開始

64歳　→　厚生年金保険（公務員部分）　開始

と複雑な形となります。

（出典）日本年金機構HP（一部加工）

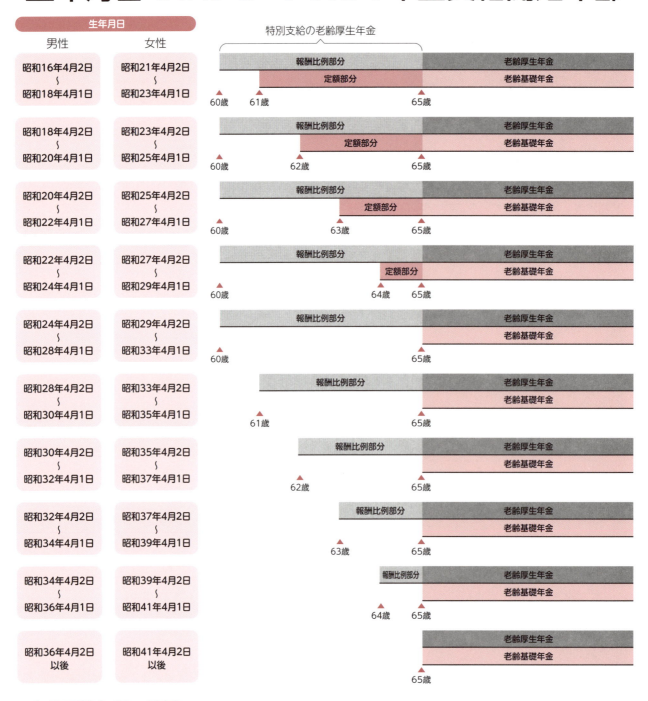

第2部

人生100年時代の「しあわせ老後」のナビゲーション

いまや私たちには、長い老後をしあわせに暮らし続ける
生活術が求められています。お金への向き合い方を
中心にわかりやすくナビゲーションします！

マネーセラピスト
安田まゆみ

100歳までしあわせな人生を過ごす!

人生のお金残高フローを理解しておく

●資産形成のための３つのゴールデンルール

その1 収入を増やす

その2 支出を減らす

その3 資産運用を図る

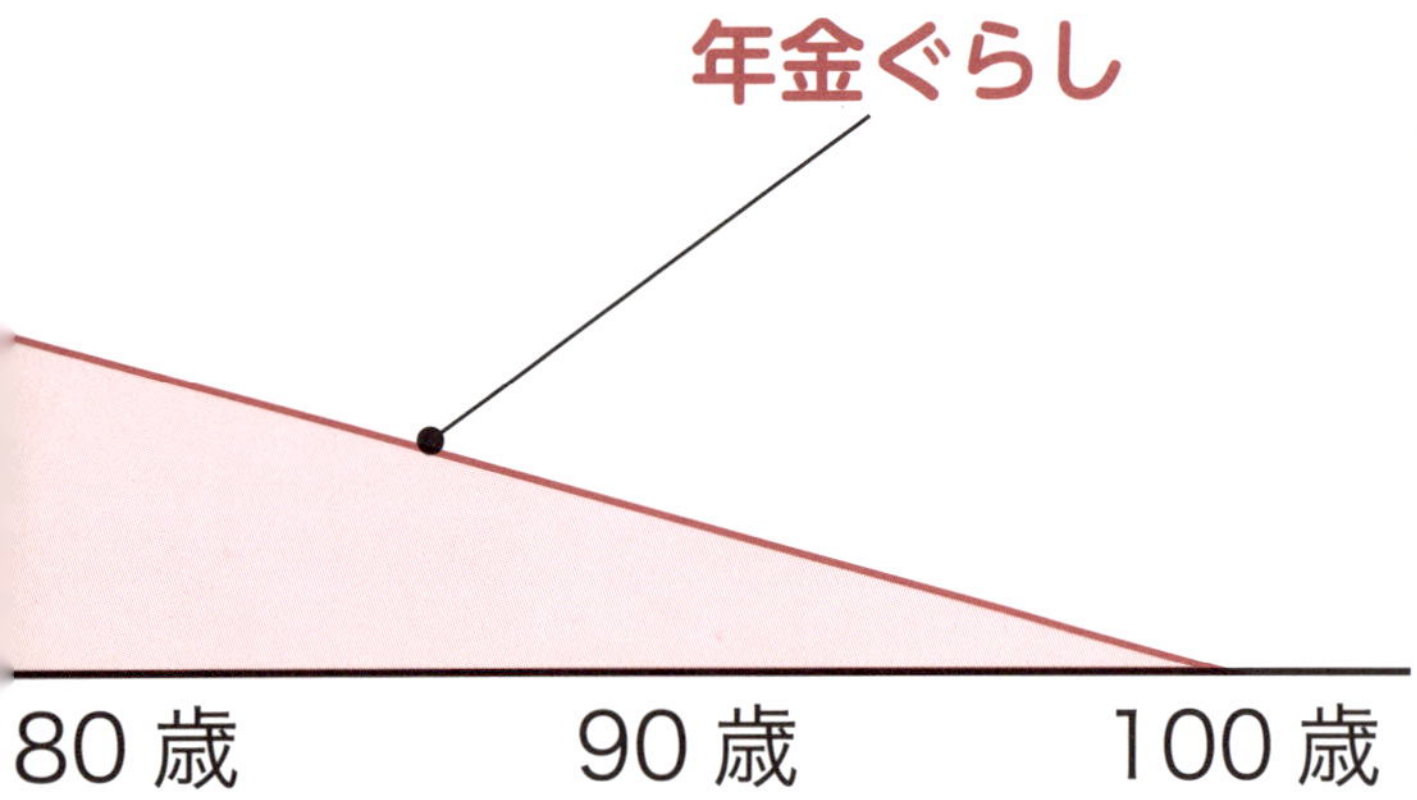

「人生100年」という時代に生きる私たちには、100年を生きる「手本」になる高齢者が身近にいることは、多くはありません。そのような経験したことのない長寿時代に、安心して、自分の思い描く老後を暮らすためには、自分自身のオリジナルな人生設計（ライフプラン）とそれに基づいたマネープラン、そして準備期間を設けての資金計画が必要になります。

資産を増やすための3つのゴールデンルール

人生100年時代＝長期にわたる老後生活を送る将来、安心して暮らすためには、公的年金に加えて、ある程度の資産が必要になるかもしれません。いま、潤沢な資産が手元にないのであれば、定年後に向けて今から準備することが求められます。資産を増やすためのゴールデンルールは3つ。「収入を増やす」「支出を減らす」「資産を運用する」です。

「収入を増やす」というのは、副業や起業をして、今よりも収入を増やすことだけでなく、定年後も働き続けるなどして「働く時間」を増やすことによって生涯年収を増やすことも含まれます。また、夫だけでなく妻もパートやフルタイムで働くなど、働き手を増やすことで、世帯全体の収入を増やすことも考えられます。

「支出を減らす」とは、家計を見直して、日常生活における支出のムダを省き、固定費の見直しで支出を減らすなどして、その分を貯蓄に換えていくことで資産を増やすという考えです。

「資産を運用する」は、文字通り貯蓄の一部または月々の収入の一部を投資し、運用して利益を得ることで資産を増やそうという考えです。

第二部では、このゴールデンルールについて、詳しくお伝えしていくことにします。

100歳までしあわせをつなぐ人生のお金残高フロー図

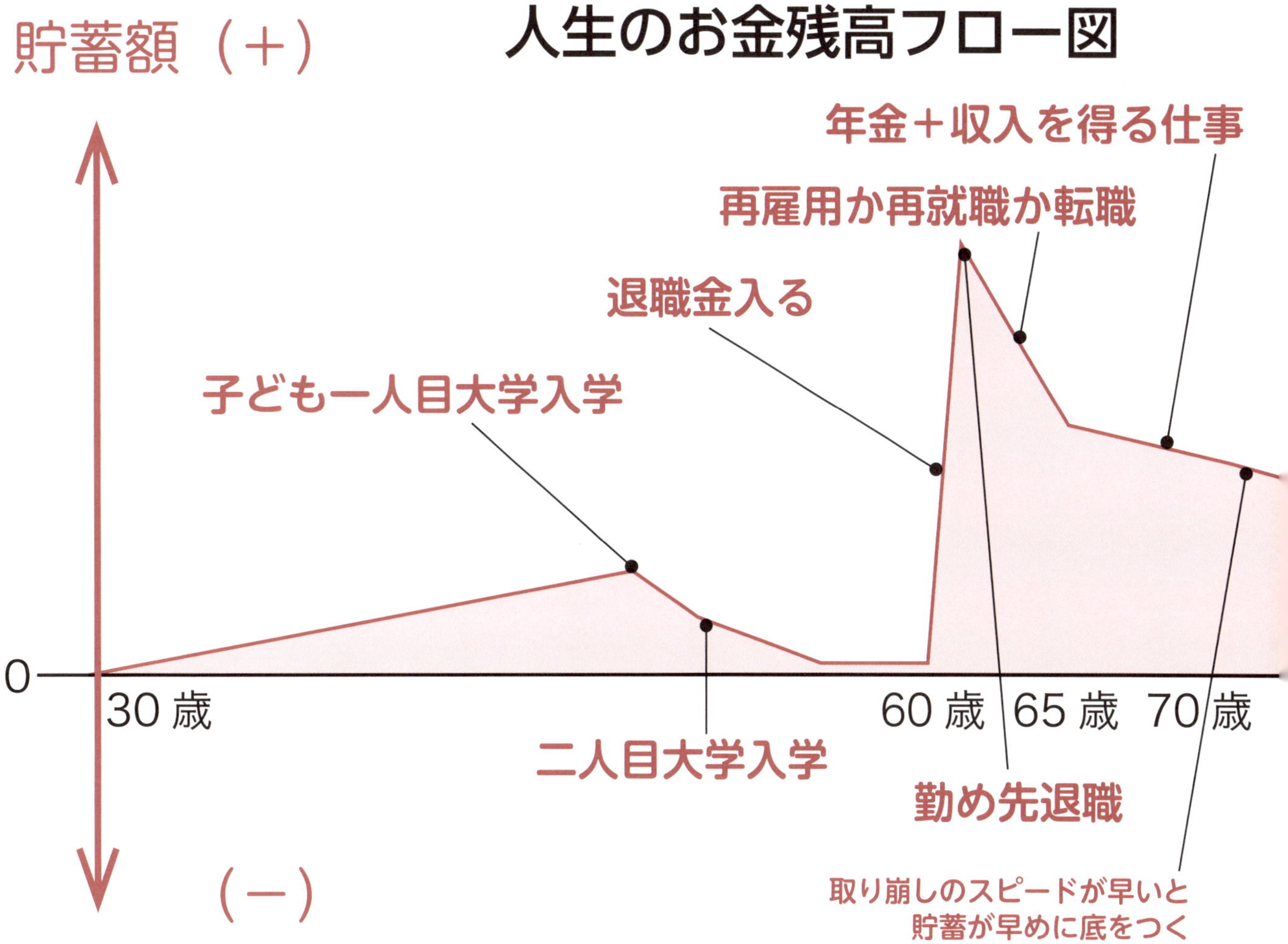

人生におけるお金の残高フローをイメージしよう

これから先の人生において、私たちの貯蓄はどのように変化していくでしょうか？長いスパンで、貯蓄残高のフロー図を参考にしながらイメージしてみてください。人生には、お金を貯められる「貯め時」となかなか思うように貯められない「ダメ時」があります(66Pを参照)。

こちらの図のように子どもがいる家庭では、子どもの進学に合わせて貯蓄をしていきますが、高校に通うようになると塾代などの日常にかかる学校外の教育費が増えて、それまでのようには貯蓄ができないダメ時になります。貯めた教育資金は、進学時に大きく減り、子どもが二人いる家庭では、新たな貯金ができないまま、次の子どもの進学のための支出が始まるケースが多いのです。

さらに、どのような家族構成の家庭でも共通するダメ時は、60歳の定年時から年金の支給される65歳までの5年間です。60歳の定年後、再雇用または定年延長で働く場合、それまでの給料の4～5割減となることが一般的です。この給料が激減している状況に対応できずに、それまで通りのお金の使い方をしている家計も多くあり、この時期は貯蓄ができないどころか、大幅な取り崩しが始まるケースが少なくありません。

次ページからの人生年表、未来予想図、未来家計年表を参考に、ご自身の場合はどうなるのかを具体的に考えていきましょう。

未来予想図・未来予想年表・未来家計年表をつくろう

人生年表と願望リストで未来を予想しやすくする

安心できる老後を暮らすためには、これから先の人生にどのようなことが起きるのかを予想し、自分のやりたいことをどこで叶えていくかなどを時系列で把握しておくことが重要になります。「こんなはずではなかった」と後悔するのではなく、あらかじめ、起こりうることを織り込んでおくことで、大きなリスクを回避することができます。

人生年表を作る

自分自身や家族の人生年表を書いておきましょう。表のように、縦に時系列をとり、横に家族の学齢や年齢を書いていきます。

ここでのポイントは、夫婦の場合、それぞれの両親の年齢も記入すること。親の介護の時期をある程度予測しておく必要があるからです。

厚生労働省によると、健康寿命（健康上の問題で日常生活が制限されることなく生活できる期間）は、男性72・14歳、女性74・79歳

人生年表（例）

	本人	家族							想定される出来事
家族の名前	太郎	花子	なおみ	健	太郎の父	太郎の母	花子の父	花子の母	入学卒業、定年、年金開始、家の修繕、親の介護等
2019（年）	48	46	高1	中2	72	69	79	75	なおみ・高校入学
2020	49	47	高2	中3	73	70	80	76	（花子の父の介護準備）
2021	50	48	高3	高1	74	71	81	77	健・高校入学、なおみ受験
2022	51	49	大1	高2	75	72	82	78	なおみ・大学入学
2023	52	50	大2	高3	76	73	83	79	健・受験
2024	53	51	大3	大1	77	74	84	80	健・大学入学（花子の母の介護準備）
2025	54	52	大4	大2	78	75	85	81	
2026	55	53	23	大3	79	76	86	82	なおみ・大学卒業社会人に
2027	56	54	24	大4	80	77	87	83	（太郎の父の介護準備）
2028	57	55	25	23	81	78	88	84	健・大学卒業社会人に
2029	58	56	26	24	82	79	89	85	
2030	59	57	27	25	83	80	90	86	（太郎の母の介護準備）
2031	60	58	28	26	84	81	91	87	太郎・定年退職のため転職
2032	61	59	29	27	85	82	92	88	自宅リフォーム予定
2033	62	60	30	28	86	83	93	89	花子・定年退職後契約社員に
2034	63	61	31	29	87	84	94	90	
2035	64	62	32	30	88	85	95	91	
2036	65	63	33	31	89	86	96	92	太郎・独立フリーに
2037	66	64	34	32	90	87	97	93	住宅ローン完済予定
2038	67	65	35	33	91	88	98	94	花子・契約社員満了でパートに
2039	68	66	36	34	92	89	99	95	
2040	69	67	37	35	93	90		96	
2041	70	68	38	36	94	91		97	
2042	71	69	39	37	95	92		98	
2043	72	70	40	38	96	93		99	
2044	73	71	41	39	97	94			
2045	74	72	42	40	98	95			
2046	75	73	43	41	99	96			
2047	76	74	44	42		97			
2048	77	75	45	43		98			

＊子どもの年齢は、小学校から大学までは学齢で記入
＊各自の年齢は、毎年の12月31日時点での年齢
＊健康寿命（男性約72歳、女性約75歳）だが、親の介護は、80歳から始まると想定

です。そこから先は、「健康ではない状態」になるといわれています。子ども世代が親の介護にかかわるのはだいたい親が80歳を過ぎたあたりと予想して、記入しておくと、良いでしょう。

未来予想図は簡単に書けない だから願望リストをつくる

次に、自分の未来予想図を描いていきます。未来予想図（45P参照）は、人生年表を基に「自分の人生に起きるであろうこと」とこれからの人生で「自分がやりたいこと」「学びたいこと」「手に入れたいもの」を時系列に書いていくものです。

公的年金が少なく、貯蓄も潤沢にあるわけでもなく、定年退職後もただ老後生活維持のために働くことになったとしたら、それを幸せに感じることは少ないかもしれません。

定年退職後に働くとしても、自分がやりたかったことを少しでも実行に移していけたら、充実した老後といえるのではないでしょうか。

「やりたいことをやれる幸せ老後」のために、未来予想図を作ることは大切なのです。

とはいえ、未来予想図は、簡単には、書けないと思います。

日ごろから、強くやりたい思いがある人を除いて、多くの人は、自分のやりたいことを後回しあるいは封印して日々の暮らしのために働いています。

「老後にあなたのやりたいことをプランニングしましょう」と言われても、すぐには、心の奥にしまった、やりたいことへの思いが出てきません。

そこで未来予想図を書く準備として頭のストレッチ、心のストレッチとして「自分のひそかな願望リスト」を書いてみましょう。

内容は上の表を参考にして、できるだけ一人になる時間を作って、1週間ほど毎日考えてみましょう。各々20～30個くらいは書き出せると楽しくなってきます。

・**夢リスト**…漠然と夢物語のように「こんなことできたらいいなぁ」と思っていることを実現できるかどうかなど気にせずに、書きます。

・**やりたいことリスト**…幼少のころからずっと思い続けている「こんなことやってみたい」と思うことを実現できるかどうかなど気にせずに、書き出します。

・**死ぬまでにやらないと後悔すること**…「これをやっておかなければ、後で後悔するだろう」ということがあれば、書きましょう。

・**欲望リスト**…買えるかどうかではなく、今でも将来でも、とにかく気になっている「欲しいもの」「手に入れたいもの」を書き出します。

・**習いたいことリスト**…実際に習うことができるかどうかは気にせずに、「習得したいスキル」をはじめ、「こんなレッスンを受けてみたい」「こんな勉強してみたい」ということがあれば、どんどん書き出します。

さあ、この願望リストがかけたら、いよいよ未来予想図の作成にとりかかっていきましょう。

私のひそかな願望リスト

夢リスト	＊漠然と夢物語のように「こんなことできたらいいなぁ」と思っていることを実現できるかどうかなど気にせずに、書き出してみましょう
やりたいことリスト	＊幼少のころからずっと思い続けている「こんなことやってみたいなぁ」と思うことを実現できるかどうかなど気にせずに、書き出してみましょう
死ぬまでにやらないと後悔すること	＊「これをやっておかなければ、後で後悔するだろう」ということがあれば、ここに書いておきましょう
欲望リスト	＊買えるかどうかではなく、今でも将来でも、とにかく気になっている「欲しいもの」「手に入れたいもの」を書き出してみましょう
習いたいことリスト	＊実際に習うことができるかどうかは気にせずに、「こんなレッスンを受けてみたい」「こんな勉強してみたい」「習得したいスキル」があれば、どんどん書き出していきましょう

マネー計画の前提となる未来予想図をつくる

まず自分のやりたいこと・したいことを考える

5年きざみならイメージしやすい

未来予想図は、5年きざみで、人生年表を基に「自分の人生に起きるであろうこと」とこれからの人生で「自分がやりたいこと」「学びたいこと」「手に入れたいもの」を時系列に書いていきます。

左端に自分の年齢を書きます。高齢になると年齢の節目のたびに体力が衰えたりする傾向があるので、5歳きざみで区切ってあります。そのほうが、イメージしやすいからです。

60～64歳は「まだまだ現役期」、65～69歳は「現役ラストスパート期」、70～74歳は「いきいき活動期」、75～79歳は「エンジョイ活動期」、80～84歳は「穏やか活動期」、85～89歳は「じっくり生活期」、90歳以上は「ゆったり暮らす期」と考えて、体力気力に見合った楽しみや暮らし方を考えても面白いかもしれません。

真ん中の列には自分の体力や親の体力も考えながら、「起きるであろうこと」「やるべきこと」を書いていきます。

右側は願望リストをもとに、「自分がやりたいこと」「学びたいこと」「手に入れたいもの」を「いつ」ごろ、実行していきたいのかを考えて、埋めていきます。

未来予想図の事例を参考にして、自由に書いていきましょう。

一度作ったらそれでおしまいではありません。毎年でも半年でも、または思いついたときに見直して、書き加えたり予定を変更したりしても良いのです。

二度三度、見直して修正していったほうが、納得のいくものができていくケースが多いです。

最初は、悩んで重複してもいいので、いったん最後まで埋めてみましょう。

未来予想年表をしあげる

未来予想図ができたならば、最初に作った人生年表（42P）に、未来予想図で考えたことを加えていきます。それが未来予想年表となります。

さらにこの年表には、自分のやりたいことや起きうるであろうことを実現させるために、いくら必要になるのかもざっと見積もって、記入していきます。

金額については、ネット等で調べて、概算でもよいので、書いておきましょう。マネープランニングの項のところで説明する、貯蓄の目標設定にも関連してきます。

左の図はあくまで事例ですので、自分なりの未来予想図を作り上げることが大事です。

一度作っておけば、あとは毎年、修正を加えていけば、リアルな年表になっていくと思います。

さて、これがあなたのこれから先の人生の予定表です。

起こりうること、やるべきこと、やりたいことを実行するための費用はどうやって作っていくのかを考えるためのマネー計画を立てていきましょう。

未来予想図（例）

本人の年齢を基にして	どのような状況になっているか（起きること、やるべきことなど）	どのような暮らしをしていきたいか（自分のやりたいことなど）
50-54歳	・長男高校受験　・長女大学受験 ・長男大学受験（それぞれの塾代を含めて大学受験費用 100 万円、入学初年度 150 万円を予定） ・夫の退職後について話し合う時期 ・妻の両親の介護が始まる可能性が高くなる	・子どもたちの受験を応援。大学受験は、7〜8 校くらい受けさせてあげたい。そのためにもこの時期はムダな支出を抑える ・長男が受験に合格したら、家族旅行に行きたい ・退職金の使い方について、FP に相談する
55-59歳	・二人分の学費（それぞれ年間 100 万円）を払うので貯金はできない状況が続くが、子どもたち二人が社会人になると貯金ができるようになる ・家計の見直しが必要になる（保険やその他の支出について） ・夫の両親の介護が始まる可能性が高くなる	・大学卒業後の進路について、しばらく気をもむことになるかもしれないが、口を出さずにサポートしたい ・子どもの手が離れるので、夫婦それぞれの趣味ややりたいことを始める（夫：英会話、妻：ベランダを居心地の良い空間にすること）
60-64歳	・夫退職、転職（退職金が支給） ・妻退職、再就職（退職金が支給） ・子どもたちの結婚に備える ・水回りも含んだリフォームが必要に（予算300万円）。不用品の廃棄が必要に	・退職のお祝い（夫婦で海外旅行。予算は80 万円） ・リフォームを前に不要なものの断捨離をし、シンプルな生活を目指す
65-69歳	・夫 65 歳ころ転職先を退職 ・ローン完済	・夫の退職後は独立してフリーランスに。妻も 65 歳以降はパート週 3 日程度に
70-74歳	・年金の不足分を補うため、夫婦で無理のない範囲でアルバイトを続ける	・自由な時間も増えるので、本格的にやりたかったこと（夫：海外ボランティア。妻：ガーデニング）に着手 ・年に 1 回は、夫婦で旅行に行けるような生活を送りたい
75-79歳	・夫婦で自分たちの介護について話し合う。手すりの設置なども検討	・元気で働けて、趣味も楽しめる健康状態でいたい
80-84歳	・自分たちの相続について話し合う	・認知症にもならずに元気に体が動き、趣味も楽しめる健康状態でいたい
85-89歳	・夫婦での老老介護が始まるころ	・できるだけ在宅で介護を受ける
90-94歳		・どちらかが亡くなったら、サービス付き高齢者住宅や老人ホームへ入居する
95-99歳		

未来家計年表をしあげる

年金予定表（例）

(年)	本人年齢	配偶者年齢	本人の公的年金	配偶者の公的年金	本人の企業年金等	配偶者の企業年金等	本人の個人年金保険	配偶者の個人年金保険	支給額の合計
2026	55	53							
2027	56	54							
2028	57	55							
2029	58	56							
2030	59	57							
2031	60	58			70		40		110
2032	61	59			70		40		110
2033	62	60			70		40	30	140
2034	63	61			70		40	30	140
2035	64	62			70		40	30	140
2036	65	63	195		70		40	30	335
2037	66	64	195		70		40	30	335
2038	67	65	195	132	70		40	30	467
2039	68	66	195	132	70		40	30	467
2040	69	67	195	132	70		40	30	467
2041	70	68	195	132	40			30	397
2042		69	195	132	40			30	397
2043		70	195	132	40				367
2044			195	132	40				367
2045			195	132	40				367
2046	75		195	132					327
2047			195	132					327
2048		75	195	132					327
2049			195	132					327
2050			195	132					327
2051	80		195	132					327
2052			195	132					327
2053		80	195	132					327
2054			195	132					327

（年額・万円単位）

次に未来家計年表を作っていきましょう。これは、マネープランニングをするための作戦会議のたたき台になるものです。

まず、最初に我が家の年金予定表を作ります。65歳から支給される公的年金の夫婦それぞれの金額を書いていきます。50歳未満の方々は、「予想額」を。退職金の一部として支給される企業年金も書き込みましょう。

次に、民間の生命保険会社や簡易保険で加入している個人年金保険について、いつからいつまで、毎年いくら支給されるかをそれぞれに記入していきます。右端は、年間の合計金額を書き入れましょう。これが老後の生活のベースになります。

未来家計年表で「入るお金」と「出るお金」を把握

年金予定表ができたら、いよいよ未来家計年表です。図表を参考にしてください。自分や配偶者の年齢は、55歳から書き始めましょう。自分の55歳時点での予想される貯蓄残高に加えて、退職金の額も記入していきます。

年金予定表で算出した年間の年金総額もここに書き写していきま

す。公的年金は、将来、減額されるかもしれません。リアルに考えるのであれば、年金予定表の公的年金の夫婦の合計額の90％をこの欄に書いてもいいかもしれません。

ここからは鉛筆で書くことをお勧めします。おそらく書いては消し書いては消しの繰り返しになるはずですから。エクセルで計算するのも良いですが、この家計年表をリアルに感じていただくために、手で書くことをお勧めします。

毎月の生活費をまず考えて、それを年間ベースに直します。その際に、社会保険料や税金という非消費支出も上乗せして（1～1.5割増しで）考えると、よりリアルになるかもしれません。年齢によって生活費のかかりぐあいも変わるので、そのあたりは自分で望む暮らし方を考えて、生活費も変えていきましょう。さらに未来予想年表で書いた特別な支出を、イベント等の支出欄に記入していきます。

未来家計年表（例）

（年）	本人年齢	家族年齢	公的年金などの支給額合計	働くことによる収入予定	特別収入	生活費	イベント等の特別支出	年間の収支	貯蓄残高
2026	55	53							
2027	56	54							
2028	57	55							
2029	58	56							
2030	59	57							600
2031	60	58	110	400	2000	480	80	1950	2550
2032	61	59	110	400		480	300	△270	2280
2033	62	60	140	400	800	420	30	890	3170
2034	63	61	140	400		420	30	90	3260
2035	64	62	140	400		420	30	90	3350
2036	65	63	335	100		360	30	45	3395
2037	66	64	335	100		360	30	45	3440
2038	67	65	467	100		360	30	177	3617
2039	68	66	467			360	20	87	3704
2040	69	67	467			360	20	87	3791
2041	70	68	397			360	20	17	3808
2042		69	397			360	20	17	3825
2043		70	367			360	20	△13	3812
2044			367			360		7	3819
2045			367			360		7	3826
2046	75		327			360		△33	3793
2047			327			360		△33	3760
2048		75	327			360		△33	3727
2049			327			360		△33	3694
2050			327			360		△33	3661
2051	80		327			360		△33	3628
2052			327			360		△33	3595
2053		80	327			360		△33	3562

（年額・万円単位）

取り崩さねばならない額がわかる

年金合計から生活費とイベント費を引くと赤字になるようでしたら、それは資金の取り崩しでカバーするしかありません。生活費が多ければ、取り崩しは大きくなり、貯蓄や退職金はいつか底を突いてしまいます。

そうしないためには、65歳以上になっても「働いて得る収入」を増やす方針で臨まなくてはなりません。それでも早々と退職金が底をつくようであれば、生活費を減らさざるを得ません。あるいは、55歳時点の貯蓄額（予想）を増やすしかありません。

60歳以降、生活費を減らすのか、働く収入を増やすのか、60歳までにもっと貯蓄を増やすのかを未来家計年表を見ながら、どうするかを考えてみてください。働いて得る収入以外にも、資産運用による定期的な利益（税引き後）を収入欄に記入してもよいと思います。

「しあわせ老後」の鍵は3K（お金、心、健康）＋自分でつくるしあわせ

お金だけで「しあわせ老後」と「ビンボー老後」は決まらない

① お金で重要な3つのポイント

私のところにおみえになる相談では、人生100年時代を迎え、「どれほどお金を貯めたら安心して暮らせるでしょうか？」という声がいつも聞かれます。

生活費は、人それぞれです。60歳で定年退職するときに、まだ住宅ローン残高が1000万円近く残っている人もいれば、払い終わっている人もいます。当然、今後にかかるお金は変わってきます。シングルで趣味にお金をかける人もいれば、家庭菜園を本格的に取り組んでお金のかからない生活を目指す人もいます。

人それぞれの生活パターンや価値観で暮らし方は変わってくるのですから、一般的な老後のお金について、語るのは難しいところです。

そこで考え方の目安として、幸せに暮らすための老後のお金は、次の3つを意識して計画を立てることをお勧めします。

「やりたいことにチャレンジできる人生を楽しむお金」「最低限の暮らしに困らないお金」「子どもたちに介護で迷惑をかけない程度のお金」です。

しあわせ老後とビンボー老後

② 心の問題は人間関係が大事

退職後、「孤独感」「孤立感」を感じる方が多いようです。それは、自分の「能力」について理解してくれる人がいないからです。会社員時代の人脈はそれなりにあったとしても、個人としての人脈は意識して作らなければ、簡単にできるものではありません。

そのために在職中から会社以外で人とのつながりを持つことは、重要です。ボランティアでも趣味でも何でもいいと思います。できるだけたくさんの人と付き合う機会を設けることで、自分の「能力」を評価してくれる人が出てくることでしょう。そういう人たちとのつながりがあれば、新たな仕事に生かせるかもしれませんし、仕事にしないにしても孤立感は少なくなるはずです。

退職後は、夫婦二人の時間が増えてきます。ところが、仕事の忙しさを言いわけに妻とのコミュニケーションをないがしろにしていた人は、妻から信用されていません。家庭の外に行き場をなくした夫が、妻に行き場所をもとめるのは身勝手な行為で、夫婦げんかが絶えなくなります。

ご相談者の中に、妻を喜ばせようと勝手に旅行の計画を立てて予

約をしてしまうケースが何件もありました。妻が喜ぶ事例はほとんどありませんでした。スケジュールもそうですし、第一行きたくない場所に行こうといわれても困るというのが妻の言い分です。サプライズで喜ばせようと思ってのことだとは思いますが、身勝手な思い込み、勘違いでしかなかったのです。妻への感謝の気持ちがあるなら、妻と相談すればよかったのです。

退職後、30～40年も共に過ごすのですから、良好なコミュニケーションをとって暮らしていきたいものです。それには、日常生活の中でのお互いへの感謝を口にし、コミュニケーションを図り、ほどよい距離感でお互いの価値観を大事にする努力が必要になります。

- お互いに、相手を否定しないで最後まで話を聞くこと。
- お互いの価値観を認め合う話し方。

これを心がけるだけで、暮らしはずいぶんと変わるはずです。

③健康に必要な3要素

長い老後生活を送る上で「健康」であることの大事さは、言うまでもないでしょう。ポイントは、3つです。

- 人生を謳歌する時間を長く保つための体づくり＝「認知症にならない体」「寝たきりにならない体」「病に倒れない体」を作る。
- 現役時代のうちにメタボチェック、ストレスチェックして体のメンテナンスを怠らない。
- 長く働き続ける体＝体力のある体を作る。

これらを心がけることが大事になってきます。

④自分の幸せは自分で決める！自分で作る

「幸せ老後」のカギは、「自分で自分の幸せを作るのだ」という覚悟を決めることです。

そのためには、自分自身で、幸せだなぁと思えることを見つけなければなりません。お金は人生の応援団です。あるに越したことはないです。でも、さまざまな理由で思うような老後資金がなくても、自分を幸せにすることができるよう「お金で測れない幸せ」を見つけることが大事だと思います。

図1●男女別高齢者の就業率

総務省の調査によると2017年の高齢者の就業者数は、14年連続で前年に比べ増加し、807万人と過去最多となっています。また、同年の高齢者の就業率（65歳人口に占める就業者の割合）は、男性が31・8％、女性が16・3％と、いずれも6年連続で前年に比べ上昇しています。

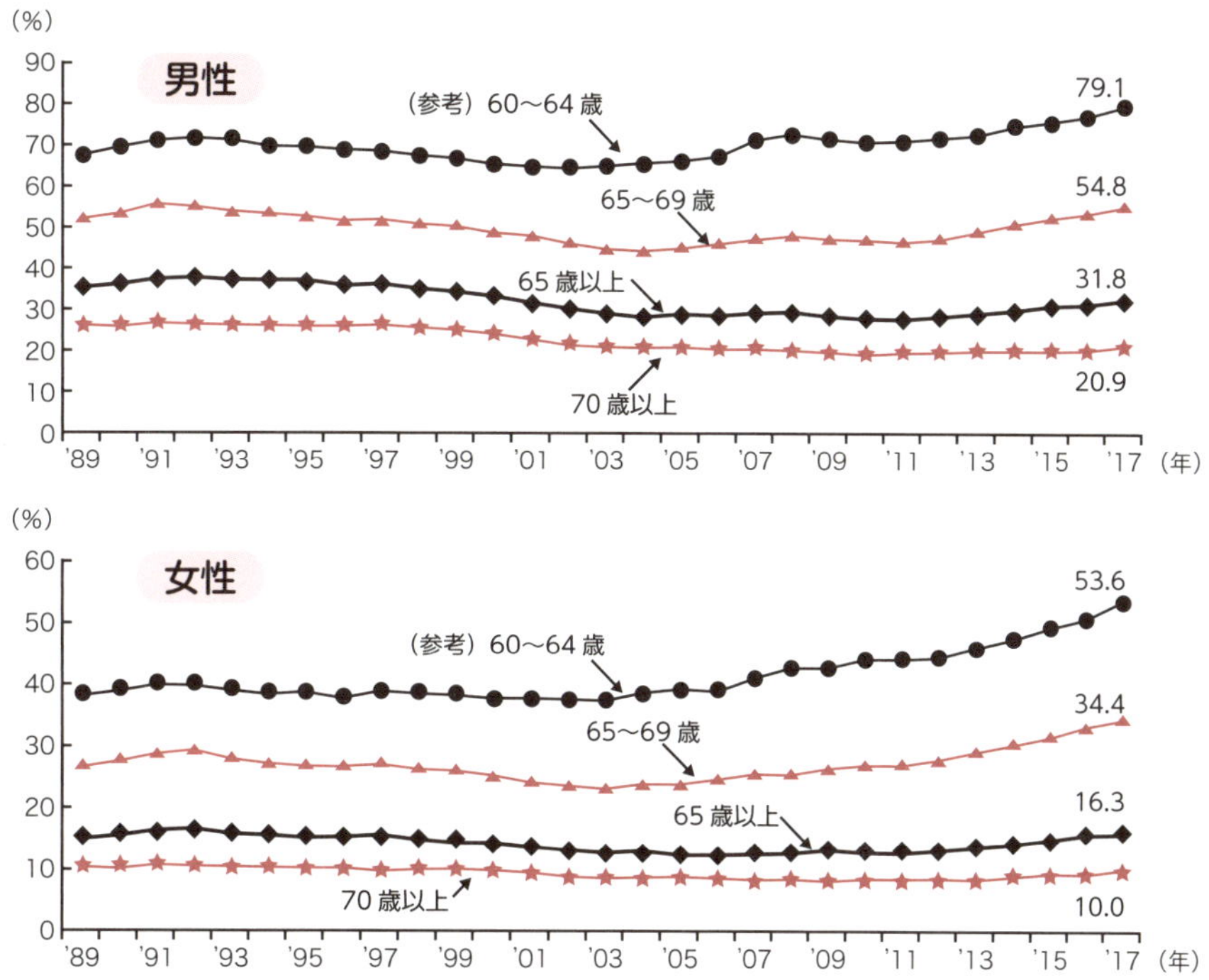

資料：「労働力調査」（基本集計）
注1）年齢階級別就業率は、各年齢階級の人口に占める就業者の割合
注2）2011年は、東日本大震災に伴う補完推計値
注3）高齢者の就業率は、65歳以上人口に占める就業者の割合

ノープラン人生は「ビンボー老後」になる！

豊かなシニアライフを設計する

今までもちろんそうでしたが、100年人生時代に入ればなおさらのこと、定年退職した後の人生は長く続きます。

相談に来られる方々を見ていて思うことは、「無計画なまま老後生活に突入した人」は必ずと言ってよいほど、〝ビンボー老後〟になっています。

未来予想図のマネープラン表（例）

	費用に関する見積もり	準備の方法
長女の大学受験費用と進学費用	・大学受験費用100万円（塾代含む） ・大学初年度費用150万円 ・学費は 2～4 年まで300万円	学資保険で準備してきた200万円と教育資金のために貯めてきた分で
長男の大学受験費用と進学費用	・大学受験費用100万円（塾代含む） ・大学初年度費用150万円 ・学費は2～4 年まで300万円	学資保険で準備してきた100万円と教育資金のために貯めてきた分で
家族旅行費用	・家族が好きな沖縄に20万円	毎月5千円を積み立て＋ボーナス各3万円
退職記念旅行	・ベトナムに1週間。予算は80万円	二人のそれぞれの退職金から支出
リフォーム費用	・水回りも含めたリフォームの予算は300万円	教育費の支出が少なくなった分を 2 年間貯める
子どもの結婚費用	・それぞれ50万円ずつが理想だが	毎月2万円まで積み立て
夫の英会話	・65歳以降にチャレンジする海外ボランティアのために 55 歳ころから英会話を学ぶ。予算は毎月1万円。ネットでネイティブから学ぶ	老後のための貯金から取り崩し、退職金がでたら、埋める
ベランダのリフォーム	・ベランダの不用品の撤去や床材などの予算は15万円	教育費がかからなくなってから着手
夫の海外ボランティア	・これから調べる	
ガーデニング	・毎月少しずつ増やしていくので費用はあまりかからない。予算は毎月1万円	パートの収入から
夫婦の健康維持の費用	・区の施設を利用して定期的に運動する ・サプリメントなども考え中	それぞれの小遣いから。サプリは生活費で
老後の医療費	・55歳で保険を見直して検討 ・250万円を準備	退職金で準備する
自分たちの介護費用	・どちらか一人になったら、施設入居も視野に入れる。年金で不足する分を用意する。予算は500万円	退職金や65歳以降の貯金で確保する。一部は運用も考える

お金のない状態だけを〝ビンボー老後〟と言っているわけではありません。退職金を支給されると、ご褒美と勘違いして遊興し、住宅ローンも気前よく全額返済し、再雇用で給料が少なくなっても今までの生活を続け、気が付けば退職金がほとんどなくなっていた！などというケースは実際にあります。夫婦がお互いに責め合って、「こんなはずじゃなかった」と愚痴をこぼして心まで貧しくなる状態を、〝ビンボー老後〟といいます。

幸せな安心老後を実現させるためには、マネープランニングは、必須！です。

シニアライフを設計する

❶自分を幸せにする「これからの人生でやっておきたいこと」を考える

まずは、自分にとっての「幸せな生き方」＝どのように人生を楽しむのかを考えましょう。

自分の「価値観」に素直にした

がって、素直に自分を幸せにする生き方や暮らし方をイメージしていきます。

やりたいことが思い浮かばないようでしたら、43Pの願望リストを使って右脳を刺激して、自分のこれからに思いをはせていきましょう。

❷退職後の暮らしを考える

退職後はどのように暮らしていくのかを考えていきます。

働くのか、働かないのか。働く場合は、「再就職して会社員として働く」「起業して会社を立ち上げる」「フリーランスで仕事をする」「パートやアルバイトをする」「農業をする」「自給自足生活をする」など、さまざまな道があると思います。

働かず、年金だけで生活をするために実家に戻って「田舎暮らしをする」選択肢もあるでしょう。

相談者の中で、先の長い老後の暮らしのために働かなくてはならないという方がいましたが、65歳まで生活のために月8万円、その後は自分のやりたいことで3万円を稼ぐプランを立てて、幸せな老後生活を実践している方もいらっしゃいます。暮らし方は百人百様。どういう生き方が自分らしいか、じっくり考えましょう。

❸これからの人生で起きるであろうことを予測する

これからの自分の人生に、起きるであろうことを書きだしてみましょう。それらはいつごろ起きそうなのか、人生年表に書き込んでいきましょう。

定年退職、再就職、年金開始、子どもの進学、子どもの就職、子どもの結婚、自宅のリフォームや修繕、親の介護と財産管理、親の終末期と葬儀、相続、自分の介護や終末期、離婚、再婚等。

長い人生は、障害物競走のようなものです。アクシデントもありますが、予想できることも多いはず。事前にわかっていれば、対策も準備もできますから、「こんなはずではなかった」ということがなくなり、ムダな出費も少なくなります。

❹未来予想図をつくる

願望リストで書いたことやこれからやりたいことを実現するための計画を立てていきましょう。人生で起こりうることと合わせて未来予想図に書き込んでいきましょう。45Pの図を参考にしてください。

❺現状を把握し、マネープランを立てる

では、実際にやりたいことをやるための老後マネープランを立てていきましょう。

手順は次の通りです。

Ⓐ資産を把握する（貯金、金融資産、不動産の時価、保険の満期など）。

Ⓑ負債を把握する（住宅ローン、自動車ローン、クレジット残高など）。

Ⓒ毎年いくら貯金ができているか。

Ⓓ毎月、毎年いくらで生活ができているのか。

Ⓔ将来の働かなくて得られる収入を把握する（公的年金の見込受給額、企業年金、年金保険の年金額、養老保険などの満期金など）→年金予定表に記入して、合計を出す。

Ⓕ未来予想図に書いた計画を実行するために、現在準備できていることや今後必要になるお金とその準備について考えをまとめ書きだす。

取り崩しが多ければ働いて収入を増やす工夫も

ここまでできたら、次に未来家計年表に退職後の暮らしを想定して記入していきます。

退職時の退職金とそれまでの貯蓄も書き込んでおきます。

「働かなくて得られる年金等の収入」「これからの生活費」「働いて得る収入（予想）」「修繕や自動車の買い替えなどで必要となる一時的な支出」など。

そして、年間の収支と貯蓄残高を計算します。貯蓄が少なく取り崩しが多いようであれば、生活費を見直して減らし、働いて得る収入を増やしていくようにします。

それでも、老後の生活が厳しいようであれば、今から老後資金計画を練って、あらたな貯蓄目標の設定や家計の見直し、資産運用などで対応していくことを考えます。

このようにして、心豊かな老後のためのライフ&マネープランを練っていきます。

自分にできる仕事で収入を増やす

老後マネーをプランニングする計算式

自助努力の重要性と老後マネーのプランニング

図1 ●自助努力の金額はこうすれば計算できる

将来の支出（A） － 将来の収入（B） － すでに準備しているお金（C） ＝ 自助努力の額（D）

将来の支出（A）＝生活費＋レジャー・イベント費＋負債＋介護や医療費＋住宅の修繕など＋その他
将来の収入（B）＝公的年金＋退職金・企業年金額など
すでに準備しているお金（C）＝預貯金（財形含む）＋金融商品＋個人年金、養老保険の満期金など

さらに個別にみていくと、

A：将来の支出について、かかる費用を計算します（100歳までに使う金額を想定）

①生活費…現在の月々の生活費をもとに、退職後の生活費を予測し、100歳までを合計
②レジャー・イベント費…旅行や外食、お祝い事、帰省などの合計
③負債…60歳時点で残っている住宅ローンや自動車ローンほかローンの合計
④介護や医療…76～79Ｐを参考に自分なりの予測金額を
⑤住宅の修繕…修繕やリフォーム費用などの合計
⑥その他…子どもへの援助や親の介護など

＊①と②は、表のように5歳間隔で、考えるとわかりやすいでしょう

B：将来の収入

①公的年金…ねんきん定期便をもとに100歳までの受給額を合計する
②退職金・企業年金…総務課などに問い合わせて把握

C：すでに準備しているお金

①預貯金（財形含む）…定年退職までに貯められるお金
②金融商品（iDeCoやNISA等も含む）…定年退職までに運用できると想定される金額
③個人年金保険や養老保険の満期金など…個人年金保険は、支給される総額。終身型の場合は確定終身タイプが多いので、確定期間分の合計

まず、プランニングの流れを見ていきましょう。重要なポイントは次の6点です。

①現状の資産を把握する
②現状の収支を把握する
③退職後の支出を想定する
④必要な資金を見積もる
⑤不足分の算出
⑥具体的な実行策を練る

老後に必要なお金の求め方

では、上の図にあるように簡単に老後に必要なお金を計算してみましょう。

計算式で出た（D）の金額が、不足額です。

不足額を補うための方法は、3つです。

①60歳以降も働き続けて、収入を増やす
②家計を見直して、ムダを省き、60歳までに貯蓄を増やす
③資産運用する

どれか一つにする必要はありません。自分に合う方法を選択、実行して安心できる老後を作っていきましょう。

将来の支出を見積る上で重要になってくるのが「生活費」です。

退職後の生活スタイルを考えて、今後の生活費を予測するとよいのですが、それには、現時点での生活費を把握することが大事です。

家計簿をつけていなくても、支出の額は計算できます。この1年間の預貯金の変動を見れば、どのくらい使っているかがわかります。

まず、通帳等を使って、1年前の預貯金の残高と現時点での残高の差を調べます。これが1年間でできた貯蓄額です。次にこの1年間に振り込まれた収入を合計します。収入から、貯蓄額を引けば、使ったお金が計算できます。ただし、進学費用や家の修繕など、この1年に限って支出した特別な費用は、そこから除いて計算します。1年間で支出した金額を12か月で割った数字が毎月の平均的な支出になります。

このようにして、算出した毎月の生活費をもとに、退職後は、どのくらいで生活ができるかを予測していきます。予測がむずかしければ、この金額で暮らすという決意でもよいと思います。再雇用された方は、60歳以降の収入がそれまでの半分程度になることが多いので、生活費を現在の6割に抑えて計算する人は多いです。

結構厳しいダウンサイジングなので、50代のうちに家計管理の見直しを図らないと取り崩しばかり増えてしまい、大切な退職金や貯蓄が、年金受給前に大幅に減ってしまいかねません。

図1 ●生活費とイベント計算表

（例）のように計算していきます。
色のついた空欄部分は、自分の家計や予定に応じて入れていきましょう。イベント・レジャー費には、自分のやりたいことを実現させるための費用も入れておくことを忘れないようにしましょう。

年齢区分	計算式	5年間の合計
（例） 60～64歳	①生活費 30 万円/月 ×12か月×5年 ②イベント・レジャー費 10 万円/×5年	1,800万円 50万円
60～64歳	①生活費 万円/月 ×12か月×5年 ②イベント・レジャー費 万円/×5年	
65～69歳	①生活費 万円/月 ×12か月×5年 ②イベント・レジャー費 万円/×5年	
70～74歳	①生活費 万円/月 ×12か月×5年 ②イベント・レジャー費 万円/×5年	
75～79歳	①生活費 万円/月 ×12か月×5年 ②イベント・レジャー費 万円/×5年	
80～84歳	①生活費 万円/月 ×12か月×5年 ②イベント・レジャー費 万円/×5年	
85～89歳	①生活費 万円/月 ×12か月×5年 ②イベント・レジャー費 万円/×5年	
90～94歳	①生活費 万円/月 ×12か月×5年 ②イベント・レジャー費 万円/×5年	
95～99歳	①生活費 万円/月 ×12か月×5年 ②イベント・レジャー費 万円/×5年	
	合計	

図2 ●年間貯金額や年間支出額などを把握する方法

今年の1月1日の貯蓄残高（すべての合計） － 昨年の1月1日の貯蓄残高（すべての合計） ＝ 年間の貯金額

1年間に口座に振り込まれた収入の総額 － （年間の貯蓄額ーこの1年に限って支払った特別な支出） ＝ 年間の支出

年間の支出 ÷ 12か月 ＝ 毎月の支出 ＝ 生活費

50代のうちに「貯め体質」になれば人生はハッピーになる

家計管理の5つの極意

①貯めるためには「目的」と「目標」を

お金は「使うため」に貯めるのです。何のために、お金を貯めるのかという貯蓄の目的をはっきりさせることが、貯めていく上での大事なモチベーションになってきます。

家計の見直しの中でムダを省いて、貯蓄に回すという作業をしていくと、今までのお金の使い方を矯正されるような気持ちになる人が多く、自由にお金を使えないことで、貯蓄への気持ちが萎えてしまうことも多々あります。目的が明確であれば、目的を思い出すことによって前に進むこともできるのですが、明確でないと、途中で貯蓄計画が頓挫してしまうことが多いのです。

ですから、目的をはっきりさせることは大事なのです。

「いつまでに」「いくら貯める」のかという明確な目標を立てることも必要です。その際、長期の目標だけでなく、併せて短い期間の目標も設定するようにすると目標は達成させやすいです。

例えば、60歳までに2000万円貯める！と決めたとします。そのために毎年100万円貯める必要があるとしたら、毎年、100万円を貯めるための毎月の目標も立てていきます。「毎月5万円、夏冬のボーナス時にそれぞれ20万円貯めていこう」と、目標を月毎まで落とし込めば、毎月目標を意識するようになり、良い意味で毎日のお金の使い方に影響を及ぼしていきます。達成すれば、また次の月も頑張ろうと、モチベーションが上がるようになるのです。

このようにしていけば、もし、今月達成できなくても、来月に一部を繰り越すこともできますし、ボーナスでカバーすることもできます。このようにリカバリーが早くできるので、目標達成がしやすくなっていくわけです。

②「貯まる仕組み」を作る

貯め体質になるには、早い段階で「貯まる仕組み」を作ることです。

〈貯まる仕組み〉

貯まる仕組みは、シンプルです。「予算を立てて、予算を守る。振り返りをして、予算を修正する。修正した予算を守る」これの繰り返しです。

予算の立て方や守り方については、次ページ以降の別項目で詳しくお伝えしますが、大事なことは、予算の中に貯蓄目標に合わせ

「貯め体質」になるための家計管理５つの極意

1 貯めるための「目的」と「目標」を
2 「貯まる仕組み」を作る
3 家計の見直しをきっちりとする
4 自分がお金の主人公であることを忘れない
5 買い物ではクレジットカードを使わない

５つの極意を守って続ける

た「先取り貯金」を組み入れることです。

もちろん、貯め体質にするための予算を立てる前に、今までの家計の見直しが必要になりますが、最初は、現状を把握するところから始めていきます。

家計の見直しは必ず行いましょう

現状の把握3つのポイント

資産全体の把握

今現在の貯蓄金額はいくらで、それはどのような目的で貯めているものなのか、いつ使う予定があるのか。金融資産はどのくらいの成果を出しているのか。

負の資産の把握

住宅ローンや自動車ローンなど各種ローンの残高はそれぞれいくらか。クレジットの残高はいくらか。特にリボ払いの残高の確認は重要です。

貯蓄ペースの把握

ここ数年、毎年いくら貯められているのか。

③家計の見直しをきっちりとする

具体的な家計の見直しは、次ページで説明しますが、大事なポイントは2つあります。

- 本当に必要な支出を見極めているか。
- 自分が望む人生のためにお金を使うことができているか。

この2つです。

本当に必要な支出とは、「欲しいもの」ではありません。生活に必要かどうかなのです。自分が望む人生のためにお金を使えていれば、それはとても幸せなことです。

ですが、目的地に着く前に、あれもいいわ、これもいいわね、と寄り道ばかりしているようなお金の使い方をしていれば、いつまでたっても、望む人生のためのお金は使えません。それで、人生は楽しく豊かなものになるのでしょうか。そういう視点で家計を見直していく必要があります。

④自分がお金の主人公であることを忘れない

お金を使うのは、自分自身です。他人に強制されて使っているわけではありません。ですが、消費社会では、消費者の購買意欲をくすぐるような便利な物のCMも多く、油断していると必要のないものまで買ってしまう、という現実があります。

お金の主人公として、自分のお金の使い方を自分でコントロールすることを意識していかないと、ちょっとした買い物で不要なものを買ってしまいかねません。そうなると、もう予算は守れなくなります。

予算を立ててそれを守ると決めたのであれば、お金の主人公として、しっかりコントロールして守ることを意識していきましょう。

⑤買い物ではクレジットカードを使わない

家計改善のために継続して、相談に来るかたがたには、貯め体質になるまでクレジットを使うことをやめてもらっています。カードでの買い物は、家計を把握しにくくするからです。

とはいえ、クレジットカードを使うと、ポイントがついてお得でもあります。そこで、クレジットカードで使ってよいのは、公共料金の支払いや携帯代などの通信費、生命保険料の支払いに限定してしまいます。お金を貯めたいのであれば、買い物をする時にはカードを使わないのは鉄則です。

家計の見直しで老後資金を貯める

固定費の見直しから行うのが効果的

家計の見直しで大事なポイントは2つです。この視点に沿って、家計の見直しをしていくことにしましょう。

●まず大事な２つのポイント

- 本当に必要な支出を見極めているか
- 自分が望む人生のためにお金を使うことができているか

①家計の見直し7つのチェックポイント

家計の細かい見直しの前に、家計全体を見直すことにしましょう。

チェックポイントは7つです。

●家計の見直し７つのチェックポイント

①「何のために貯蓄をするのか」「何のために家計の見直しをするのか」は明確になっているか
②貯蓄目標に合わせた先取り貯金の予算を立てているか
③貯蓄予算を守れているか
④やりくりの予算は立てているか
⑤購入したものをムダにしていないか
⑥毎月、振り返りをきちんとしているか
⑦前の年にくらべて改善されているか

このようにして家計全体を見直してみると、自分のウィークポイントがわかってきます。その部分に気をつけながら、支出の見直しをしていきましょう。

②支出の見直しは固定費から

支出の見直しは、固定費から行っていきます。

固定費は、支出の額が大きいものが多いので、ここをきっちりと見直すことで、かなりムダが省けて貯蓄に回せるようになります。

各費目について、理想の支出割合を聞かれることがありますが、暮らし方は人それぞれなので、理想の支出割合というのは、あまり気にしなくて良いかと思います。ただし、住宅関連費用だけは、多くても手取り月収の30％以内に収めておくようにと、お伝えしています。30％を超えてしまうと家計を圧迫して、ほかの支出に余裕がなくなり、全体的に我慢を強いるような潤いのない家計になってしまうケースが多いからです。

生命保険は、長期にわたる契約が多いですし、掛け金も高額な場合が多いので、保障内容を整理して、必要かどうかをよく吟味しましょう。特に子どもが社会人になった後の高額な死亡保障は、見直して、減額するなり実情に合わせるようにしていきましょう。筆者は、自分亡き後に親が存命していた場合、親の介護に使えるようにと、死亡保険金の受取人を親と妹にしています。そういう見直しもあっていいと思います。

車関連費用も税金と保険料、車検代等合わせると、支出している額は大きいので、今後も所有をしていくかどうかも含めて、検討していきましょう。自動車が不可欠な地域であれば、軽自動車に換えるなどで、ランニングコストを減らしていきましょう。

ムダになっている場合が多いの

図1 ●固定費は額が大きい費目が多い

・家賃や住宅ローンなどの住宅関連費
・生命保険料
・車関連費（税金と保険料、車検代、ガソリン代）
・習い事や塾代

図2 ●変動費を上手にコントロールする

・水道光熱費
・食費や日用品費
・外食費
・交際費
・レジャー費
・医療費
・被服費　など

は、通信販売の定期購入やトレーニングジムの会費です。必要か必要でないか。実際に使っているかで判断していきましょう。

③変動費の見直し

変動費は、日々のお金として支出するので、比較的目につきやすく、コストカットの見直しを多くの人がしたがりますが、固定費の見直しの方に重点を置いて行ったほうが効率的に費用削減につながります。電気代や水道代を減らすためにこまめに電気を消したりする方を多く見受けますが、CO_2の削減には効果があるものの、実質的には、わずかな費用削減にしかなりません。

食費や外食費、レジャー費を必要以上に削減すると、リバウンドで、衝動買いをしてしまうケースも実際には多いのです。筆者はこれを「チリは積もっても風で飛ぶ」と言っていますが、電気代や食費をケチっても衝動買いを1回するだけで、その苦労は水の泡となってしまうからです。

とはいえ、やりくり費の中の食費、食材費についてはムダな買い物はなかったか、惣菜や加工食品は多くないか、というチェックは必要です。

バーゲンシーズン以外の被服費も計画性があったのかという点でチェックをしていきましょう。

変動費の見直しで効果があるのは、交際費です。断りきれない飲み会や義理で続けるお中元とお歳暮は、ムダでしかありません。お付き合いは大事ですが、最低限の付き合いにとどめておきたいものです。定年退職を機に、お中元やお歳暮、年賀状をやめたという人は増えてきています。

予算を立てて守れば着実に貯められる

同じ失敗をしないふり返りが大切

予算を立てて、予算を守っていくことができれば、着実に貯蓄は増えてきます。自分自身のお金の使い方をコントロールできるようになるからです。貯めるための家計管理のカギは、この「予算を立てる」「予算を守る」に加えて、「決算をして、ふり返る」ことにかかっています。ふり返りは単なる反省ではありません。同じような失敗をしないために、未来につながる自己分析でないと意味がないのです。

実際に相談に来られた方の例ですが「連休で子どもが家にいたので、食費が予算オーバーしてしまった」というふり返りをされた方がいました。まったく役に立たない反省です。連休があることは前からわかっていることで、子どもたちが家にいればどのような食生活になるかも予想がついていたはずです。その予想に対して何の手立てもしなかったので、こういう結末になったわけです。「次の連休には、予算を少し増やそう。メインのイベントを決め、それ以外は外食をしないように計画をしよう」というように、踏み込んだふり返りが重要になるのです。

次に家計管理の肝ともいえる家計の予算立てと予算の守り方について、詳しく説明していきます。

先取り貯金の習慣をつける

予算を立てるポイント

「予算を立てる」というのは、自分で自分のお金の使い方を決め、収入の中で、お金を振り分けることです。

貯めるためのポイントは2つ。

- 自分のやりたいこと、優先順位に従って、お金を配分すること
- 先取り貯金も予算化する

予算を立てる仕組みを説明します。

収入を振り分けるにあたり、お金の使い道（費目）を書き出します。それに従って、毎月、毎日使っている費目は毎月の収入で賄います。年に一度だけ、という費目はボーナスで振り分けます。貯蓄は支出ではないのですが、予算の中に入れます。収入の範囲で赤字が出ないように、自分が大切にしている譲れない支出の額を考えながら振り分けていきます。「家計簿をつけていないので、生活費の支出がわからない。だから、予算を立てられない」という声を多く聞きますが、家計簿をつけていなくても大丈夫です。

「これから自分の人生をどう生きていくのか」「どう暮らしていくのか」を考えたうえで、お金の使い道を考えていくので、貯金ができていなかった過去の実績などはなくてもよいのです。気になるようであれば、1～2か月レシートを貯めて、手元管理のお金をどのくらい使っているかを計算してみると良いでしょう。でも、それは今いくらくらい使っているかがわかるだけで、それを参考にしても、予算は立ちにくいと思います。

大事なことは、「いくら使ってきたか？」ではなく、「いくらで生活をしようと決意しているか」ですから。収入の範囲で、先取り貯金をして、固定費を先に予算立てして、残りの手元で管理するお金を配分する作業は、想像力も必要になり、初めは時間がかかります。

決算をして、予算を見直して、予算を立てて…を繰り返し、トライ＆エラーを繰り返しながら、「我が家の今の状況」に合った予算を作っていきましょう。

相談に来られた多くの方が、実践することで貯め体質に変化してきた予算の費目の一例を掲載しますので、参考にしてみてください。

守りやすい予算へ費目分けを

「予算を守る」ことは、自分のお

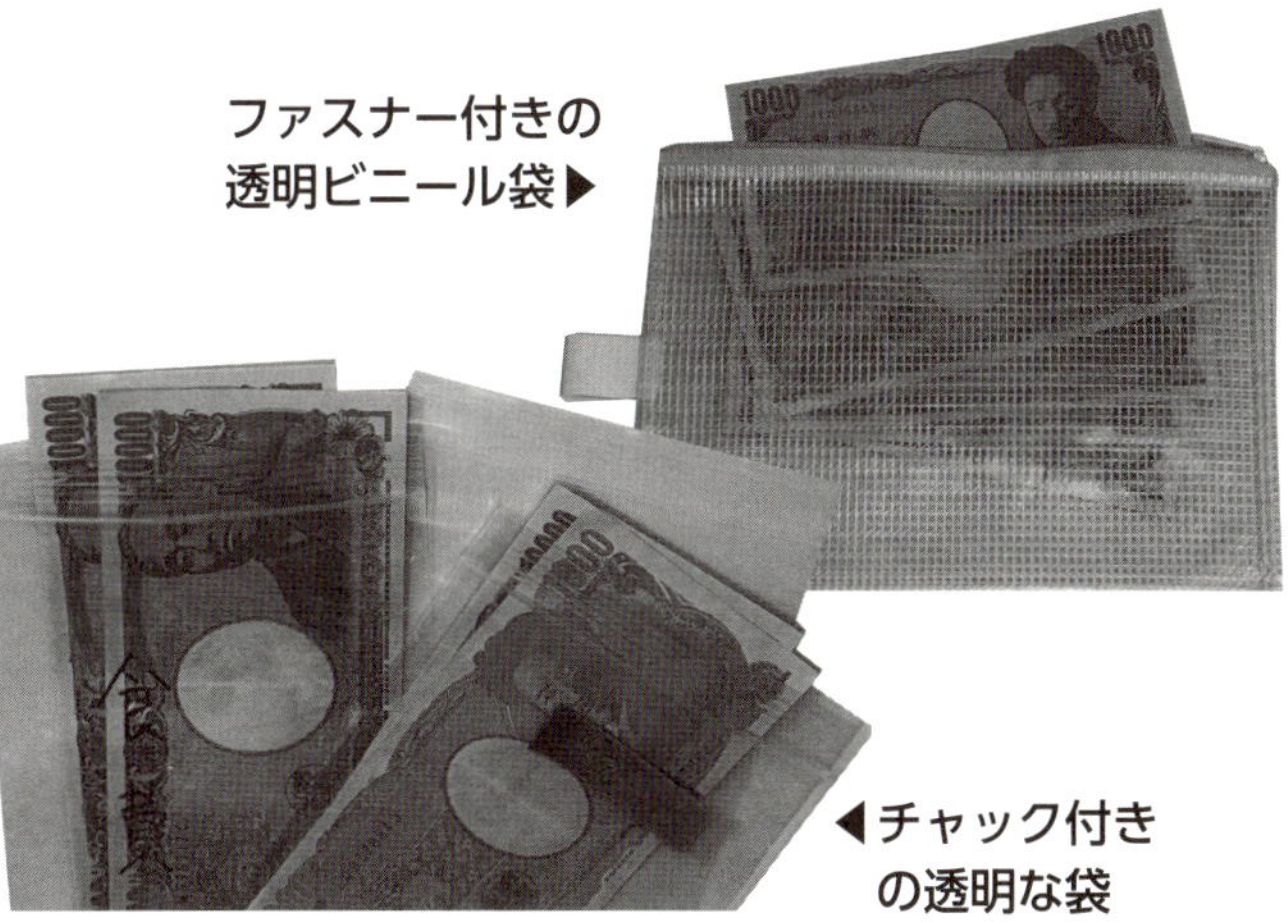

金の使い方をコントロールすることです。収入が少なくなって、生活費を切り詰めても、その中で赤字を出さずに予算を守れる。年金生活には、そういう力が必要になるわけです。だからこそ、予算を守れるように、つまりコントロール力が付くように現役時代から訓練することが大事なのです。

予算を守れるようにするには、実は、守りやすい予算を立てることが重要なのです。守りやすい予算とは、現実的で実行可能である細かな費目分けをした予算のことです。

例えば食費や日用品、雑費という費目ですが、現実的には、スーパーで買い物をすれば、一緒に会計をしますよね。ですから費目を分けたりせずに、日常生活費というくくりにしています。さらに、その費目は、1週間単位で管理するようにすると予算を守りやすくなります。毎日買い物をする人であれば、1日の予算を決めてそれを実行してもいいでしょう。

また、どちらにしたらよいのか迷う費目については、自分なりのルールを決めてしまうと良いでしょう。

毎月の予算管理のための費目の例

固定費	口座引き落とし	先取り貯金
		住居費（家賃や駐車場代など）
		生命保険料
		火災保険料
		自動車保険料
		通信教育費
	手元管理	新聞代
		習い事
		塾代
		夫お小遣い
		妻お小遣い
		子どもお小遣い
変動費	口座引き落とし	水道光熱費
		携帯代
		そのほかの通信費
	手元管理	日常生活費（食費+日用品）→月額から週分けに
		お米代
		お酒代
		嗜好品
		外食費+レジャー費
		ガソリン代ほか
		交通費
		被服費
		医療費
		交際費
		子どもの学校関連費
		予備費

家庭の状況に合わせて、費目分けしていきましょう。
自分なりのルールを決めておくことが大事です。
（例）
・夫の理容は、お小遣いから
・妻の化粧品、美容代はお小遣いから
・外食は、レジャー費とする　　　など

最後に、相談に来られた方が実践して、貯め体質に変わることができた管理方法を紹介します。

一つは、手元で管理する費目は、「チャック付きの透明ビニール」を使って細かく袋分けする方法です。袋分けの家計管理はよく知られていますが、ポイントは透明な袋（写真参照）を使うこと。残額が一目でわかるからです。

次に実践してもらったのは、食費と日用品を合わせた予算（日常生活費）を週単位で管理する方法です。1か月単位でなく、1週間という短い単位で結果を出していく方式は、コントロール力をつけるのには良いです。短い成功体験を積み重ねることで、大きな結果につながっていきます。

三つめは、スーパーなどへの日常的な買い物の際には、普段使っているお財布とクレジットカードを家に置いていってもらい、代わりに1週間分の予算の入った「ファスナー付きの中身が見える袋」（写真参照）を使ってもらいました。使えるお金だけを持参しますので絶対に予算を守れます。お仕事帰りに買い物をする人にも、この袋を持ち歩いてもらうようにしています。

積み立て投資で着実に資産形成をする

NISAとiDeCoの特長を生かして長期運用

投資の基本は時間を含めた分散投資
あせらず、じっくりと育てるつもりで

資産を増やすための方法は、3つです。①働いて収入を増やす、②ムダを省いて支出を減らして貯金する、③資産運用をして増やす。このセクションでは、長期にわたる積み立て投資で、資産形成をすることについてお伝えしていきます。

とはいえ、だれにでも投資を勧めているわけではありません。長期投資といえども損をするリスクがまったくないわけではありません。日々の運用結果に一喜一憂してしまう、資産運用のリスク許容度の低い人は、投資は避けるべきです。みんながやっているからと無理をして投資をしても結果は芳しくないでしょう。

また、定年後に退職金を元手に投資を始める「退職金投資デビュー」もお勧めしません。

退職金という大金を手にして、気が大きくなっているときに、経験もないまま、投資という不確実なものに、大金を投じてしまう危険な行為は避けるべきです。投機に近い行為ですから。毎日のように老後マネーの相談を受けている私の経験からいうと、うまくいった人はほとんどいません。

基本は時間を含めた分散投資

資産運用で重要なことは、「分散投資」であるということは、よく言われます。一つのものに集中して投資してしまうと、当たれば大きなリターンは得られるものの、外してしまったときは大きな損失を被るからです。

現役世代が、働きながら資産運用を行うのであれば、リスクをコントロールするうえでも「分散投資」は適切な方法と言えます。基本は「株」と「債券」、「国内」と「国外」というように値動きの違う市場に分散投資をすることと、一度に投資をせずに、時間の分散も図ることです。

資産形成の世代の資産運用は、できるだけ早い段階で、時間分散が図れる長期運用をしていく仕組みを作っていくことが、ポイントになります。万一に備えるお金ができたならば、積み立て貯金と並行して積み立て投資を始めるようにすると資産形成に弾みがついていくでしょう。

長期的に運用していく仕組みとして利用したいのが、「ｉＤｅＣｏ（イデコ）」や「つみたてＮＩＳＡ（ニーサ）」の制度です。この２つは税制面で有利な制度となっているからです。

ここでは、この２つに絞って、制度の概要を簡単にお伝えしていきましょう。

ｉＤｅＣｏは、正式名称を「個人型確定拠出年金」といいます。この制度は、老後資金を準備するために国が法律で定めた制度です。原則、60歳まで積み立てた資金を引き出せませんが、掛け金全額が、所得控除され、運用した利益に対して税金が全くかからないなど、税制面で優遇されています。

つみたてＮＩＳＡは、一定額を定期的に購入していく「積み立て」に限定して、長期的な視点で、幅広く分散された株式投資信託とＥＴＦを積み立て、資産を増やしていくことを国が後押しする少額投資非課税制度です。

ｉＤｅＣｏとは異なり、積み立て金に対する所得控除はありませんが、運用した利益に対しては、税金はかからない仕組みとなっています。また、資金を引き出すことはいつでも可能になっています。

iDeCoとつみたてNISAの比較表

	つみたてNISA	iDeCo
年間投資額の上限	40万円	14万4000円～81万6000円（職業、加入している年金の制度により異なる）
拠出する時	所得控除の対象にはならない（課税）	所得控除の対象（非課税）
運用時の利益	非課税	非課税
運用期間	20年（2018～2037年）	加入から、60歳まで（10年間延長可能）
損益通算	できない	できない
運用できる商品	長期・積立・分散投資向けの一部の投資信託とETF	定期預金・投資信託・保険
資金の引き出し	いつでもOK	60歳まで原則不可

iDeCoとつみたてNISAの活用法

ｉＤｅＣｏとつみたてＮＩＳＡの詳細は、表を見ていただきたいですが、どちらの制度が良いかということではなく、両方の良い面を上手に生かすことが大事になります。

まずは家計の現状把握や投資する目的、投資に回せるお金などを整理していきましょう。金融資産全体を把握し、夫婦であれば、それぞれにリスク資産はいくら、リスクのない資産はいくらか、というようにリスク資産に分けてみると、ｉＤｅＣｏやＮＩＳＡの分配比率もバランスが取れるようになるでしょう。

ｉＤｅＣｏは所得控除による節税メリットがありますので、所得控除の効果が得られる会社員や自営業者など勤労収入がある人であれば、積極的に活用してもよいと思います。所得がない専業主婦（夫）は所得控除の恩恵がほとんど受けられないため、口座管理手数料がかからないつみたてＮＩＳＡのほうが良いかもしれません。

ｉＤｅＣｏで運用できる金融商品には、定期預金などの元本確保型商品があります。「投資経験がなく運用に自信がない」「絶対に元本を減らしたくない」という人に向いています。あまり運用益が期待できない定期預金であっても、節税メリットを享受することができます。

ｉＤｅＣｏは、原則60歳までは運用資産の引き出しができませんので、あくまで老後資金の準備を目的に活用するのがよいでしょう。

一方、つみたてＮＩＳＡはいつでも運用資産を途中で引き出せますので、住宅の購入資金や教育資金、旅行資金など、さまざまな目的に応じて活用することができます。

また、利用する時に年齢の上限もないため、50代後半の人などもつみたてＮＩＳＡを優先してもいいかもしれません。

自分の老後資金をつくるiDeCoの仕組み

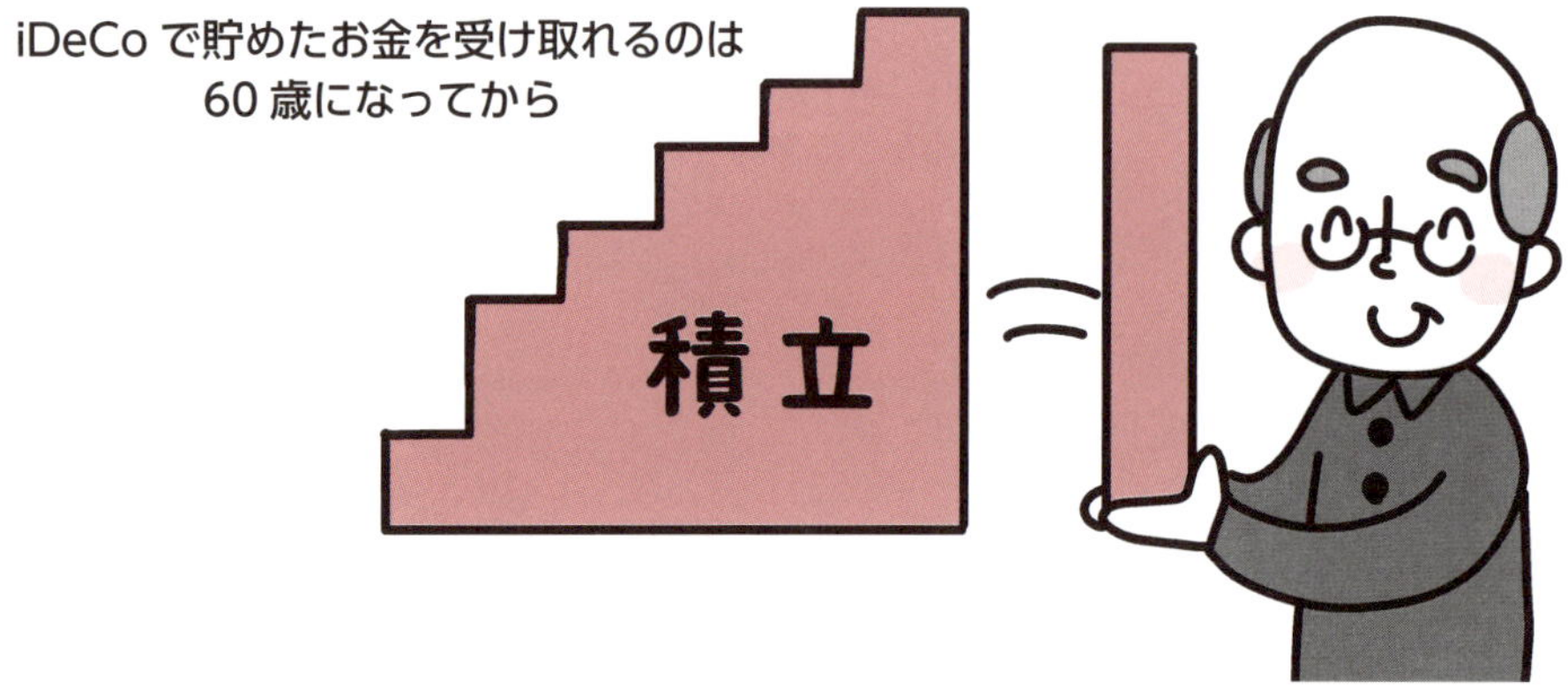

iDeCo で貯めたお金を受け取れるのは
60 歳になってから

ｉＤｅＣｏとは個人型確定拠出年金の愛称で、自分の老後資金をつくる年金制度のことです。この制度は、老後資金を準備するために国が法律で定めた税金の面で優遇された制度です。

60歳まで受け取れないｉＤｅＣｏの仕組み

加入者が、毎月自分の決めた額（上限がありますが）を積み立て（掛け金を拠出するといいます）、決められた金融商品（定期預金・保険・投資信託）を自分で運用し、60歳以降に、年金または一時金で受け取ります。

60歳までは原則受け取れません。加入期間が10年に満たない場合は、受け取れる時期が60歳以降になります。

ｉＤｅＣｏに加入できない人

ｉＤｅＣｏは、２０１７年の制度改定で60歳未満であれば、一部の例外の人を除けば、主婦でも公務員でも誰でも加入できるようになりました。ただし、次に該当する人は加入することはできません。

ｉＤｅＣｏに加入できない人は、

❶国民年金の保険料を払っていない人

❷国民年金基金に満額（月額６万８０００円）の掛け金を払っている人

❸企業型確定拠出年金が導入されている企業にお勤めの人

です。

なお、❸については、勤め先の会社が両方に加入することを認めていれば、ｉＤｅＣｏに加入することができます。会社に確認をすることが必要になります。

ｉＤｅＣｏは職場や立場で掛け金が異なる

ｉＤｅＣｏは、毎月一定金額を積み立てていく制度です。ただし18年1月から年1回、あるいは2回積み立てる方法も可能になりました。

掛け金は最低５０００円から、１０００円単位で積み立てることができます。上限があり、職業や立場によって、その額は異なります。

- 自営業者やフリーランス　６万８０００円
- 企業年金のない会社の社員　２万３０００円
- 主婦　２万３０００円
- 公務員　１万２０００円
- 確定給付型企業年金のある会社の会社員　１万２０００円

ｉＤｅＣｏの税制メリット

ｉＤｅＣｏには、３つの税制面でのメリットがあります。

⑴掛け金の全額がすべて「所得控除」の対象になります。

控除の対象になれば、課税所得が減るため、負担する税金（所得税・住民税）の額が少なくなります。会社員であれば、多くの場合、年末調整で税金が減った分が戻ってきます。

⑵運用で得た利息や運用益が「非課税」になります。

通常の資産運用であれば、運用して得られる利息や売買した利益には税金がかかりますが、iDeCoで積み立てた場合には、税金はかかりません。

(3)受け取るときにも税制優遇(「退職所得控除」「公的年金等控除」)が受けられます。

60歳以降にiDeCoを受け取る方法は、2つあります。一度にまとめて受け取る方法と毎年少しずつ受け取る方法です。どちらの場合も税の優遇措置があります。

一度に受け取る場合には、退職金と同じように「退職所得控除」という優遇枠が適用されます。積み立てた年数によって異なりますので表の計算式を参考にしてください。

毎年年金方式で受け取る場合は、「公的年金控除」が適用され、一定額までは税金がかかりません。

65歳までは年間の公的年金等の収入合計額が70万円以下である場合には、所得金額は0になるために、税金はかかりません。自営業者やフリーランスの場合は、基本的に60歳から64歳まで年金受給がないため、年金収入がiDeCoだけということもあります。この場合には、年額70万円以下で65歳までにある程度受け取っておくことで、税制の優遇を享受することが可能です。

図1● iDeCo 運用のイメージ

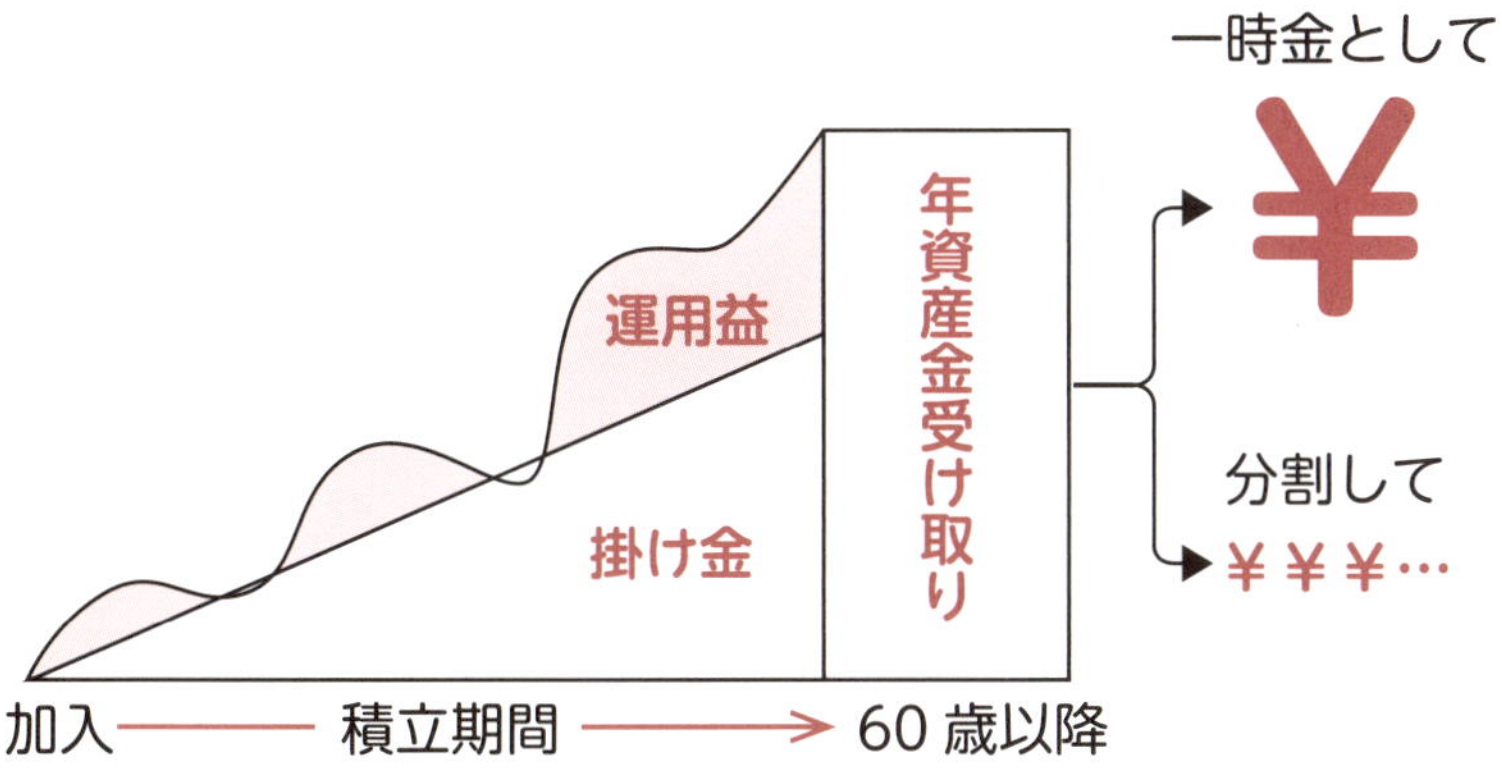

図2●退職所得控除の計算式

1）勤続年数が20年以下の場合

40万円　×　勤続年数

2）勤続年数が20年超の場合

800万円＋70万円×（勤務年数－20年）

＊掛け金拠出期間は、勤続年数に置き換えることができます。

例えば、主婦の場合、勤続年数の部分を積み立てた期間で計算します。

・40歳の時に始めて60歳まで、毎月2万3000円を積み立てた専業主婦の場合、一時金で受け取るときは、退職所得控除は800万円となります。積み立て累計額は552万円ですが、運用益も含めて、資産残高が800万円を超えなければ、税金はかからない計算になります。

iDeCoを始めるときのポイント

iDeCoを始めるにあたっては、どの運営管理機関を選ぶかということが重要になります。

運営管理機関によって、サービスや商品のラインナップが違いますので、長期に及ぶ投資になりますから、慎重に選ぶ必要があります。

選び方のポイントは、3つです。

❶運用商品のラインナップ

定期預金や保険商品など元本確保型のほか、投資信託であれば、国内外の株式や国内外の債券など、分散投資ができるようなラインナップになっているか。

❷運用商品のコスト

投資信託で運用する場合には、運用管理費用（信託報酬）という手数料に着目していきましょう。同じカテゴリーの商品でも運用管理費用が3倍も違うケースもあります。

❸加入者へのサービス

加入者向けのインターネットサイトとコールセンターの対応が2大ポイントです。

つみたてNISAは長期・積立・分散の投資

つみたてNISAは、つみたて型の少額投資非課税制度のことです。2014年から始まっていたNISA（少額投資非課税制度）をより長期的に利用できるようにと改良されました。

年間40万円まで、一定の条件を満たした株式投資信託やETF（上場投資信託）を積み立て方式で購入していくと、最長20年にわたって、その間に受け取る分配金や利益に対して税金がかからないという制度です。投資によって得られた売却益（譲渡益）や分配金の運用益が非課税になる点が、このつみたてNISAの最大のメリットとなります。

NISAの仕組み

つみたてNISAは日本国内に住んでいる20歳以上の人であれば誰でも利用することができます。

対象となる商品は、金融庁が選んだ「長期」「積立」「分散」投資に適していると判断した投資信託・ETFに限定されています。毎月分配型は除かれています。

つみたてNISAの対象となっている商品のうち、どの商品を取り扱うのかは金融機関によって異なります。購入の頻度も、「毎月」「2か月に1回」「年2回のボーナスのみ」などです。金融機関によって、積み立て頻度の選択肢は異なります。また、最低の積立金額については特に決まっておらず、100円や500円、1000円という金額で購入できる金融機関もあります。

冒頭でも述べましたが、つみたてNISAは、その投資によって得られた売却益（譲渡益）や分配金の運用益が非課税になるというメリットがあります。日本では、投資から得られた利益に対して、通常20・315％の税金（所得税＋住民税＋復興特別所得税）がかかりますが、これがかからないというわけです。

この非課税で投資できる期間は、20年。投資信託やETFを積み立てで買える限度額（非課税枠）

は年間40万円までですから、毎年上限額まで積み立てて投資を行うと合計８００万円まで投資することができます。１回あたりの積立額は、原則として40万円を１年あたりの買い付け回数で割った金額が、上限となります。

投資期間は、20年ですが、最後まで持ち続けることはなく、必要になったらいつでも引き出すことは可能です。ｉＤｅＣｏとはその点が大きく違うところです。引き出しの自由度が高い特徴を生かしていくとよいでしょう。

一般NISAとつみたてNISAの違い

つみたてＮＩＳＡに先立って制度運用されているＮＩＳＡをここでは一般ＮＩＳＡと呼んで、つみたてＮＩＳＡとの違いを確認していきましょう。

●積立・分散投資の効果（実績）

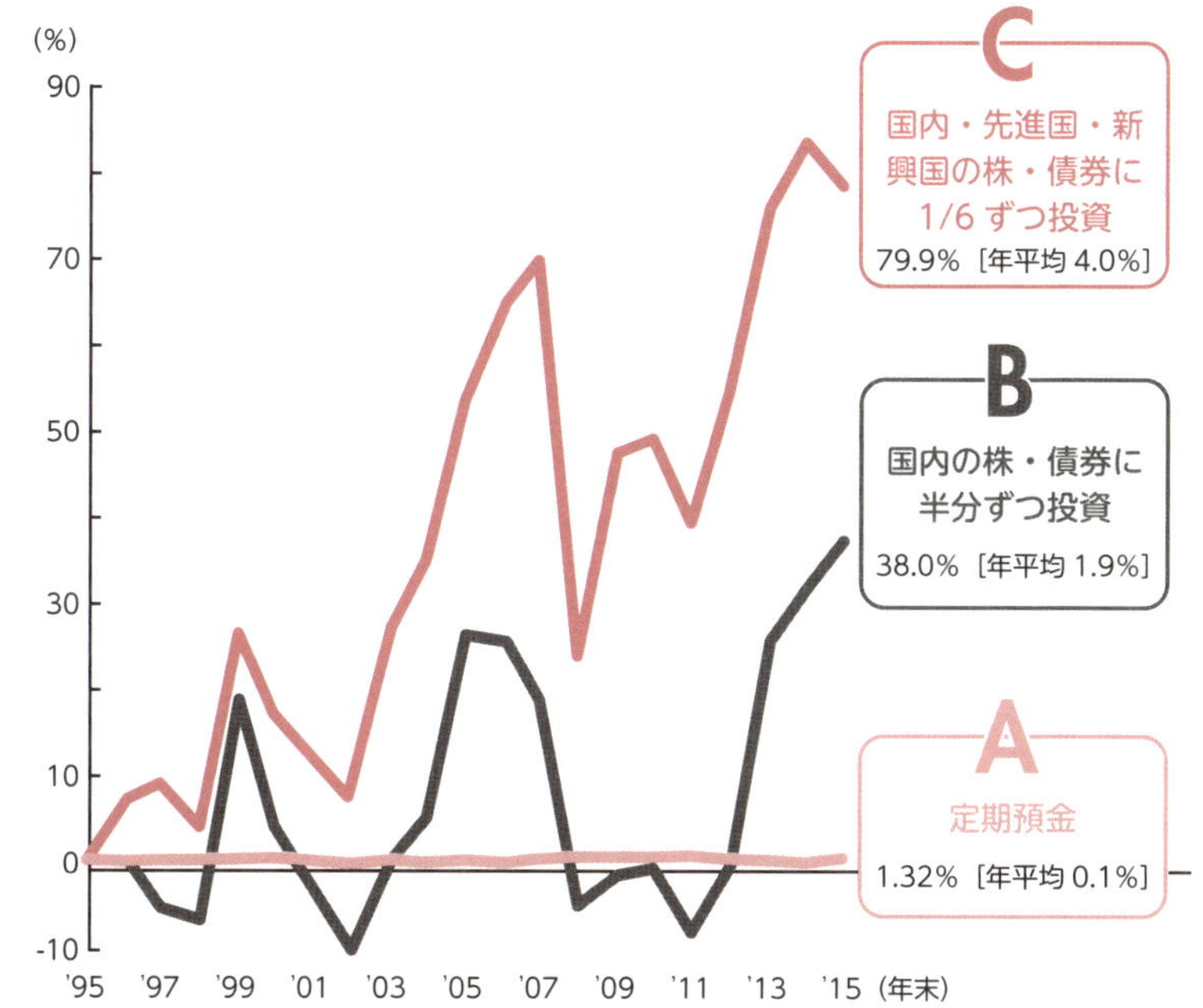

(出所)：金融庁作成
(注)：各計数は、毎年同額を投資した場合の各年末時点での累積リターン。株式は、各国の代表的な株価指数をもとに、市場規模等に応じ各国のウェイトをかけたもの。債券は、各国の国債をもとに、市場規模等に応じ各国のウェイトをかけたもの。図は過去の実績で、将来の投資成果を予測・保証するものではない。

一般ＮＩＳＡでは、まとまった金額を一括で投資することも、積立で投資することもできます。一方、つみたてＮＩＳＡでは、定期かつ継続的方法による積立投資のみ認められています。

一般ＮＩＳＡでは、上場株式、ＥＴＦ、ＲＥＩＴ、投資信託が対象ですが、つみたてＮＩＳＡは金融庁が「長期」「積立」「分散」投資に適していると判断した投資信託・ＥＴＦに限定されています。金融庁の基準をクリアした投資商品は１４２本（２０１８年10月31日現在）です。

非課税で投資できる期間は、一般ＮＩＳＡの５年間に対し、つみたてＮＩＳＡは20年間となっています。また、一般ＮＩＳＡは、年間１２０万円までの投資額が非課税となります。つみたてＮＩＳＡは年間40万円です。

投資初心者には、非課税期間が長く、「長期」「積立」「分散」投資に向いているつみたてＮＩＳＡのほうが、始めやすいかもしれません。また、投資商品もかなり限定されているので、選びやすいともいえるでしょう。

金融庁が厳選しているとはいえ、投資信託やＥＴＦは、ｉＤｅＣｏのように定期預金や保険などの「元本確保型商品」はなく、元本が変動する商品ばかりです。利益が出ることを保証しているわけではありませんので、その点は、留意しておくことが必要です。

NISAでは損益通算ができない

つみたてＮＩＳＡのデメリットは、「損益通算」ができないことです。

通常、複数の証券口座を使って投資している場合、それぞれの証券口座の１年間の利益と損失を合算して、税負担を軽くすることができます。ところが、つみたてＮＩＳＡの場合、解約した時に利益が出ていれば非課税になりますが、逆に損した時は他の課税口座（特定口座や一般口座）と損益を相殺することができません。つみたてＮＩＳＡ口座を含む複数の口座で並行して投資を行いたい方にとっては、デメリットになります。

つみたてＮＩＳＡについては、金融庁のサイトに「つみたてＮＩＳＡ早わかりガイドブック」がありますので、そちらも参考にすると始めやすいでしょう。

3「しあわせ老後」のターニングポイント1

子どもの中学時代までに教育資金を貯めておく

教育費の貯め時とダメ時

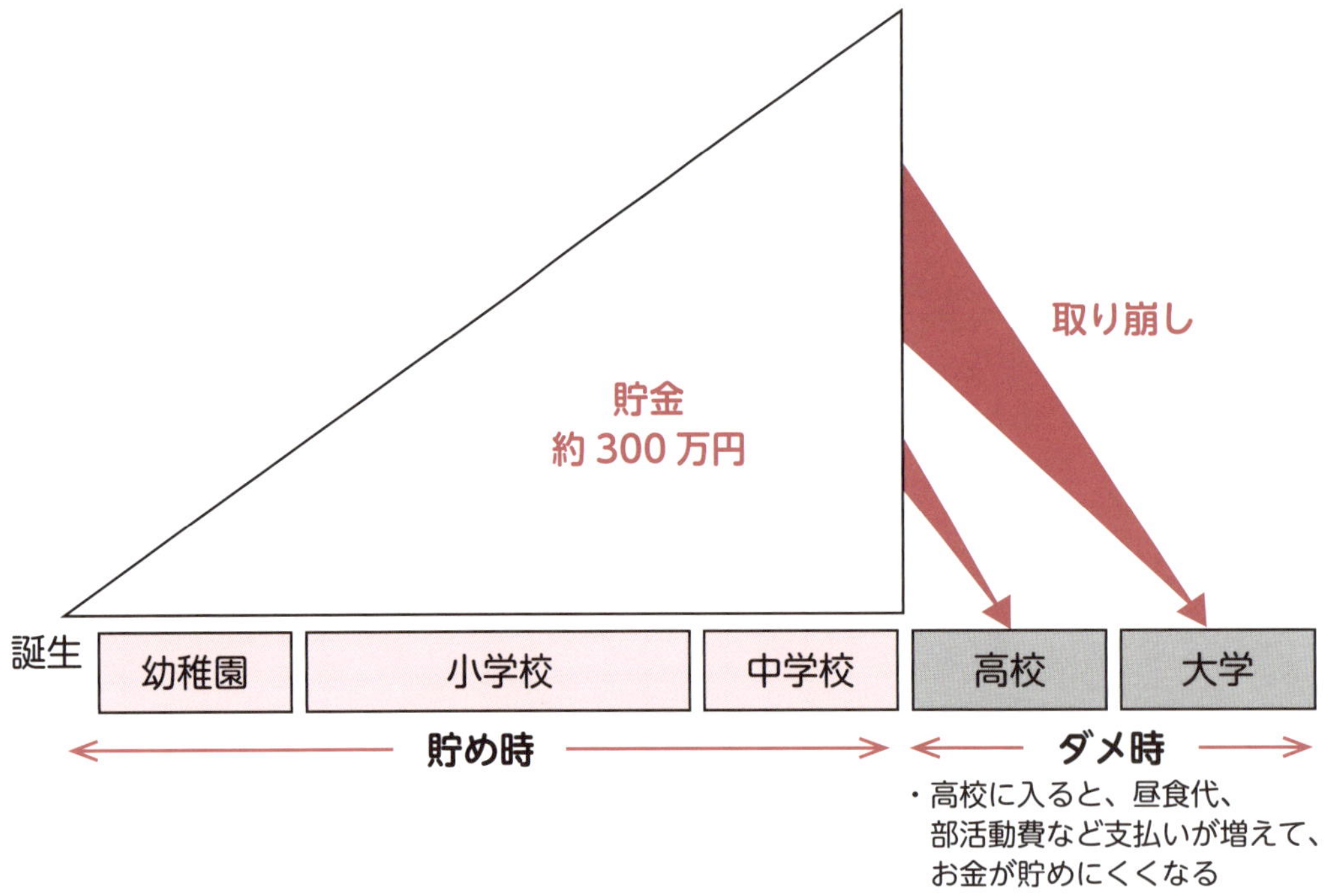

教育費を「聖域」にしないことも大事

大学卒業までにかかる教育費用は、一人1000万円にもなるといわれています。もちろん1000万円は公立の場合で、私立の場合は、それ以上かかります。世帯によって年収はさまざまで、子どもの進学についても親としての考え方もいろいろとあると思います。しかし現実的に、子どもの教育費がどのくらいかかるのかは、把握しておくべきでしょう。そのうえで子どもには、「どれくらいの教育費をかけられるのか」を考えていくことが大事です。

ところが実際には、「子どものための教育費の予算」（＝どれくらいかけられるか）を決めていない家庭が非常に多いのです。相談者の多くが、家計全体の流れを長期的にとらえることなく、周りの情報や友人知人、世の中の風潮になんとなく流されているように見受けます。お隣が英語を習わせるといえば英語を、友達がピアノ塾に行ったと聞けばピアノを、というように。

子どもの進路は、本来は、子どもが決めるべきです。親は、その希望を尊重して応援してあげるというスタンスが望ましいのです。けれども多くの場合、そうはなってはいません。小さいころからおけいこ事にお金を使い、貯金ができず、子どもが17歳のころに海外留学をしたいと言ってきても、その時には夢を応援するお金がないとしたらどうでしょうか？「子どものために」という小さいころのおけいこ事のお金のかけ方は、本当に子どものためだったのでしょうか？そう思わざるを得ないご家庭が本当に多くて、残念でなりません。

計画性もなく、「子どもの教育費にかかる支出は仕方がない」と思わないことです。自分たちの老後の備えなどもあるのですから、教育費は「聖域」ではありません。子どものおけいこ事などは、本人

表１●幼稚園から高校までの学習費（公立／私立）

		公立	私立
幼稚園	3歳	約21万円	約48万円
	4歳	約21万円	約44万円
	5歳	約26万円	約53万円
小学校	第1学年	約34万円	約184万円
	第2学年	約27万円	約128万円
	第3学年	約29万円	約137万円
	第4学年	約31万円	約146万円
	第5学年	約35万円	約156万円
	第6学年	約38万円	約166万円
中学校	第1学年	約47万円	約157万円
	第2学年	約39万円	約116万円
	第3学年	約57万円	約125万円
高等学校	第1学年	約52万円	約128万円
	第2学年	約47万円	約98万円
	第3学年	約36万円	約86万円
合計		約540万円	約1,772万円

出典：文部科学省「平成28年度子どもの学習費調査」

表２●大学ではさらにこれだけかかる

		初年度（入学金含む）	2回生以降（設備施設費を含む）	合計
国立大学		約82万円	約54万円×3年	約244万円
公立大学		約93万円	約54万円×3年	約255万円
私立大学	文系	約115万円	約92万円×3年	約391万円
	理系	約152万円	約126万円×3年	約530万円
	医歯系	約479万円	約378万円×5年	約2,369万円

（注）国公立大学については、文部科学省の「国公私立大学の授業料等の推移」を参考に、また、私立大学については「平成28年度私立大学入学者に係る初年度学生納付金平均額」を参考に作成。

の希望をしっかりと聞いて絞り込み、費用をかけない方法を徹底的に調べるなどして、家計からの負担を減らすことを考えましょう。親のやりたいことを応援してくれるその姿勢が子どもにも伝われば、中学生になったころには、家庭の経済事情を話して、進学についてスムーズに話し合うことができると思います。

最低貯めておきたい300万円の教育資金

人生には貯め時と、貯められないダメ時があります。教育資金を貯められる期間は、子どもが中学生までです。高校生になると子どもの部活や食費などがかさんでくるため、それ以前の貯蓄ペースでは貯められなくなります。この時期がダメ時です。

大学進学をするのであれば、最低でもこの時期までに、高校3年生の受験対策の塾代、大学の受験料、初年度入学金、初年度と次年度の学費相当分として、およそ250～300万円を貯める必要があります。

300万円を15年間（中学卒業まで）で貯めるとしたら、毎月約1万6700円を貯めることになります。それ以上に余裕資金があれば、小さいころからおけいこ事などさせてもいいと思いますが、毎月の1万6700円も貯めるのが難しいようであれば、早い段階で子どもと進学にかけられる費用について話し合うべきだと思います。

進学には、国や自治体が設けている助成金や補助金制度を利用するなり、奨学金を視野にいれるなり、家庭の教育費の負担を軽くすることも大事だと思います。

資産形成期の「住まい」選びは慎重に！

独立行政法人住宅金融支援機構「2017年度フラット35利用者調査」によると、利用者の4割強が30代です。もちろん、持ち家比率は都道府県によってかなりの差がありますし、地価が高い大都市圏ではマンションも含め持ち家の人は少ないです（東京はワースト1）。

2033年には、全国で3軒に1軒の空き家が出る、と言われているにもかかわらず、戸建てに限らず、マイホームを希望する30～40代の夫婦は多くいます。

住宅を取得する際の注意点について、お伝えします。

不動産の基本を理解しましょう

「終（つい）の棲家にはならない」

終（つい）の棲家と思って購入しても、転勤や転職あるいは親の介護で住み替えざるを得ない可能性があることを忘れてはなりません。

「不動産＝資産ではない」

マイホームは、資産にはなりません。大型の耐久消費財と考えるべきです。

首都圏でも、30年前に5000万円以上で購入した建売住宅が、現在1000万円～1500万円でしか売れない、という現状があります。購入した値段で売れれば資産になりますが、売れなければ多額の負債になってしまいます。

住宅ローンの理想的な割合は手取り収入の25～30％

ローンの組み方で注意したいのは、頭金は必ず準備してから購入することです。頭金ゼロでも購入可能という宣伝をよく見かけますが、実際のところ、頭金も貯められないような家庭では、購入後、順調に返済するのは厳しいと思ってください。

家計相談を受けていての実感ですが、住宅関連費用に充てられる理想的な割合は、手取り収入の25～30％。住宅にこだわりがある場合はともかく、30％を超えると生活に潤いがなくなり、ぎすぎすした家計になっていくケースが多く見られます。

お勧めは、長期のローンを組んで、余裕ができたら繰上げ返済をする方法です。余裕ができたらというのは、例えばお子さんのいるご家庭では、貯まっている教育資金は余裕資金ではありません。〝借金〟を気にするあまり、繰上げ返済に子どもの教育資金を充ててしまった。そのため、進学時に教育資金が足りなくなり、住宅ローンの金利よりも高い教育ローンを組まざる得なくなったという、本末転倒なご家庭もよく見受けられます。

また、手取り年収の半年分に相当する預貯金は、緊急対応費（人生のエアバッグ）です。これも余裕資金ではありません。

住宅ローン金利は、ほかのローンに比べて低いです。しかも、購入してから10年間は住宅ローン減税（年末のローン残高の1％がその年の所得税から10年間控除される制度で、消費税10％引き上げに伴い13年に拡充される予定です）が適用されますし、今は「すまい給付金」（住宅を購入しようとしている人に対して、消費税引き上げによる負担を緩和するための制度があり、収入に応じて最大30万円（消費税10％引き上げ後は10～50万円）がもらえます。平成26年4月から平成33年12月まで実施予定）です。これらを上手に利用して、ご自身の人生年表や長期にわたる家計の支出予定などを考えて、返済計画を練りましょう。

図●フラット35利用者の状況

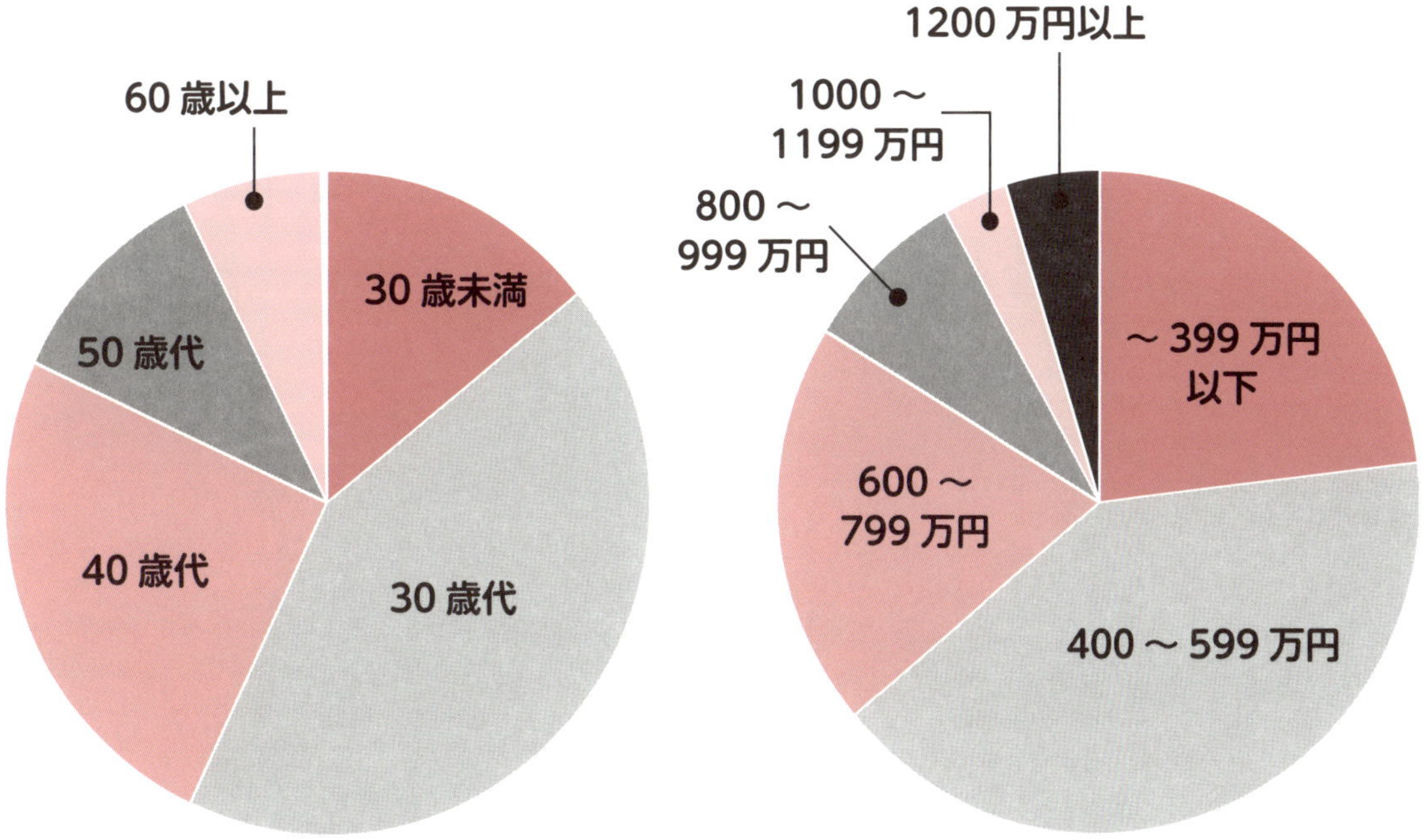

資料：独立行政法人住宅金融支援機構「2017年度フラット35利用者調査」

自治体の各種支援制度を活用しましょう

各自治体では、地域振興や定住促進のために住宅に関する支援を実施しています。地方のみならず大都市圏でも数多くあります。

例えば、勤労者が住宅を購入する場合、借り入れた資金の利息の一部を補助する「勤労者住宅支援利子補給制度」を多くの自治体で実施しています。そのほかにも、自治体が指定する「建設補助事業」で建築されたマンションを購入すると（条件はありますが）最大50万円もらえる制度や、地域で生産加工された木材を一定量使用した木造住宅を建築する人に対して、費用の一部を助成する制度、「結婚」や「親との同居」「近居」に対して一定の助成を行う制度など、さまざまな支援制度があります。

賃貸のメリットを活かしましょう

賃貸のメリットは、収入の変化に柔軟に対応できることと、住み替えが楽なことです。

また、持ち家の人よりも賃貸の人のほうが通勤時間が短いという調査結果（国土交通省）もあります。

賃貸ですと、勤務地の変更や経済的な収入ダウン、親の介護による同居など、環境の変化に柔軟に対応できます。また、毎月の支払いはあるものの、長期にわたる住宅ローンに縛られることなく、夢の実現を目指した転職や留学にも思い切って決断することができます。

住宅取得と賃貸のどちらが良いかは、一般論で語ることはできません。人それぞれの人生ですから、長いスパンで、これから起こりうる人生のリスクを考えて選ぶことが重要だと思います。

3「しあわせ老後」のターニングポイント3

定年退職前後の家計管理が老後を決める！

超が付くほどの高齢社会で、少子化に歯止めがかからない日本では、「将来的に支給される公的年金が減少する」と予想されます。こうした状況の中で、これから退職を迎える家庭は、老後マネープランをきちんと立てておかないと、「心豊かな老後を暮らす」ことが困難になるのは間違いありません。

『無計画家計』は「こんなはずではなかった」の連続

老後マネーの相談を受けていて思うのは、実に根拠のない「何とかなる系」が多いことです。

「65歳まで働いて、そのあとはつましく暮らせば、何とかなる」と。それ以外は、ノープランなので、退職金が入るや否や、無計画に使い始めてしまいます。そのようなご家庭が、65歳になったからといって、急に「つましく暮らせる」はずがありません。ノープランな老後は、思わぬかたちで、出費してしまうのです。

一般的に自分自身の老いを自覚しはじめる50代後半ころ、親の介護にかかわり始めます。そして、60代後半には親の死に直面、看取りや葬儀、相続といったことに向き合うようになります。それは想定内のはずなのですが…。

親の介護は、親の費用で賄うべきですが、突然倒れて意思疎通ができなくなり、キャッシュカードも使えない状況になれば、自分たちが親の医療費や介護費用を立て替えることになります。こうした準備不足で始まった親の介護で、子どもの進学用に貯めていた資金を一部使わざるを得なくなり、本来組まなくてもよい教育ローンを組まざるを得なくなったという人が意外に多いのです。

ノープラン家計は「こんなはずではなかった」「想定外だった」の連続で、お金が飛ぶように出ていきます。

それは、想定外なのではなくて、自分の準備不足にほかならないのです。

退職金は、ご褒美ではありません

退職金は、人生のご褒美ではありません。老後生活を補填するお金であり、会計的には給料の後払いでしかないのです。しかも、まとまった金額で振り込まれるので、余裕資金と勘違いをする方が少なくありません。

例えば、4年制大学卒業の会社員の平均退職金は、約２０００万円です。退職金を「老後生活の補填」と考えると60歳から１００歳まで、毎月使えるお金は、約4万１６７０円です。65歳から使おうとしても毎月使えるお金は、約4万７６２０円にすぎません。「退職金は、豪華旅行や買い物に」と大盤振る舞いできるほどの金額ではないのです。

年収が減っても縮小できない『野放し家計』

会社員の場合、多くが50歳で昇給はストップします。55歳で役職を離れ、役職分だけ給料が減り、60歳で定年退職。再雇用制度を活

Aさん夫婦のケース

ご相談に来たA子さんは60歳。夫は現在64歳で、長年働いてきた会社で再雇用として働いています。子どもは2人。二人ともすでに社会人です。

4年前に支給された夫の退職金は2,200万円でしたが、現在の貯蓄残高は900万円。この4年間で貯蓄していた500万円と退職金の中から1,300万円の計1,800万円を使ったことになります。

まず、退職金が支給されたときに、住宅ローンの残債600万円を一括で返済し、さらに教育ローンの残金の返済に100万円、家の水回りのリフォームに200万円使いました。これらは、当初から使う予定だったとのことですが、1年もたたないうちに計900万円を使ったわけです。

さらにA子さんは、次のように言いました。「残りの900万円の使い道ですが、70万円で退職祝いにと夫婦でヨーロッパに旅行に行きました。それに夫婦で頑張ったご褒美として、それぞれが以前から欲しかったものを夫は20万円、私は10万円の予算で買いました。でも、贅沢をしたのは、それくらいで、ほとんどが生活費で消えていったんです」

A子さんの夫の年収は、50歳から55歳までが1,200万円。56歳から退職までが800万円。60歳の再雇用で現在400万円と、変化してきました。生活費で使ってしまったという800万円は、毎年200万円取り崩してきた結果です。つまり、再雇用で働き始め、年収が400万円になったときから赤字家計になっていたわけですが、その点についてA子さんは「夫は現役時代と同じように、毎週土曜日には友達とゴルフに出かけているので」というのですが・・・。

確かに、ゴルフの費用に加えて、ガソリン代などの車関係費の出費は家計にかなりの負担になっていますが、それが取り崩しの原因のすべてではありません。A子さんが家計の赤字を深刻にとらえていなかった要因は、現役時代のやりくりの仕方にありました。

A子さんの夫の会社は、ボーナスや特別支給の比重が多く、月収ベースは同じ年収の他の会社よりも少し少ない、と感じるくらいでした。そのため、子どもが高校から大学へ進学するころは、毎月、家計は赤字。ボーナスで補てんする、という生活を続けていたのです。それでも、年単位では、赤字になることなく、2人の子どもの進学費用を賄える状況だったわけです。

A子さんのように長年「ボーナスで月々の赤字を補てんする」人は、毎月の赤字を貯蓄やボーナスで取り崩すことに抵抗感がない傾向にあります。A子さんも月収が激減していることは承知していたので、それなりに支出を減らしてきたようですが、頭のどこかに「退職金がある」と思い、あまり取り崩すことに抵抗はなかったようです。「いつもやっていることなので、引き出したときに、残高を見ることもしませんでした」といっていました。

こうしたお気楽さが、取り返しのつかない金額まで貯蓄を減らしてしますのです。

用して65歳まで働くとしても、60歳からの給料は半分以下になるという左下がりの収入構造になります。

給料が上がる40代から50代の間に少し贅沢を覚えてしまった家計は、短期間で訪れる左下がりの収入構造に対応できないケースが多く見られます。高収入だったときの消費生活にマヒしてしまったのか、「家計を引き締めよう」という気持ちが薄く、収入が減っても、これまでと同じような外食や食生活、ジム通いやショッピングなどを続けるご家庭は少なくありません。やりくりは「野放し」状態です。

収入が減っているのですから、それに見合った生活をしなければ、家計は破綻してしまいます。退職金がセーフティネットになるというのは幻想にすぎないのです。

収入が減るわけですから、本来であれば家計を見直すべきなのですが、退職金によって破綻の危機が先送りされるため、往々にして自覚が遅れがちになります。見直しが遅れると、取り返しがつかない金額まで減ってしまうこともあるのです。

50代の家計管理はイメージトレーニングとダウンサイジング

マネー相談を受けていて思うのは、多くの50代の家計が結構ゆるゆるになっているということです。子どもの進学費用に貯蓄を取り崩しているのに、月にかかる費用を給料で賄えているので、家計を必死で引き締めようとしていません。生活スタイルはそのままで、受験のための塾代をパートで補うという家計もあります。

いずれにしても、50代に入って、少しお給料が良くなったことに安心して、家計の引き締めに気持ちが向いていないのです。こうした家計の多くは、定年後の収入の激減に対応するのは難しく、大幅な赤字家計に転落していきます。

それを食い止めるには、50代後半の家計管理がカギとなります。60歳以降の収入に見合った家計管理を具体的にイメージし、少しずつ家計のダウンサイジングを図るのです。

60歳以降も再雇用あるいは再就職、転職するにしても、手取り月収は今の半分くらいになります。それを予測して、どの費目をどう削って、収入の範囲でやりくりしていくかをイメージすることから始めます。実際に今から始められる経費削減があれば、それを実行し、家計のダウンサイジングを図っていきます。

このように50代後半から60歳以降の家計に目を向け、徐々に準備を始めることができるかどうかで、60歳以降の取り崩しの額は大きく変わるのです。

定年退職後の5年間を上手に乗り切ったBさん夫婦

家計には60歳以降、年金が出るまでの5年間の収入のダウンが一番響きます。ここをうまく乗り切れるかが、その後の老後生活を左右するのです。

実際に上手に乗り切れた方の例をご紹介します。Bさん夫婦のケースです。58歳の時にご相談に来られ、乗り切り方のアドバイスをしました。そして、67歳の時に「ほぼ計画通り上手に乗り切れている」と報告いただいた事例です。ぜひ、参考にしてください。

退職金で住宅ローンの繰り上げ返済をするのはNG

事例にもあるように、退職金で住宅ローンの繰り上げ返済をすることはお勧めしていません。何故ならば、65歳までに働けなくなり、生活が苦しくなったときに、現金が手元にあったほうが良いからです。もし生活が苦しくなれば、新たに借り入れを行うことになります。当然、住宅ローンより安い金利で貸してくれるところなどありません。安い金利の住宅ローンを返済し、高い金利の借り入れをするのは本末転倒であり、これではローン返済の意味はまったくありません。

もう一つの理由は、退職金でローンを完済すると、達成感よりもすっきり感や開放感が強くなり、毎月返済していた分を生活費に回そうという気持ちにならないからです。往々にして、その分のお金で買い物をする、あるいは習い事や趣味に使うなど、あらたな消費に向かってしまうので、事例のようにリカバリーできる可能性はほとんどありません。

Bさん夫婦のケース

お会いした当時のBさん（58）の夫の手取り月収は38万円、Bさんのパート月収は5万円の家計でした。夫は60歳以降も再雇用される予定で、その手取り給料は20万円。妻のパートと合わせて25万円の収入で、住宅ローンも払い続けなければなりません。住宅ローンは、月10万円。返済期間は65歳までです。

以上から「60歳からの取り崩しは仕方のないこと」と割り切り、取り崩しをいかに最小限にとどめるかを考えることにました。するとBさんは、「一挙に家計をダウンサイズするのは、現実的に無理」というので、5年かけて取り崩し額を徐々に減らすことに。さらに「退職直後に慰労を兼ねて二人で海外旅行に行きたい」と言うので、予算を40万円としました。

61歳までは、住宅ローンの分は退職金を含めた貯蓄から取り崩し、夫婦二人の生活費を30万円以内で収めるように予算を立てました。レジャー費も含めて、年間の取り崩し額は180万円になります。そして、62歳までは、妻のパート月収を2万円増やすことで、年間の取り崩し額を156万円に。63歳までは、生活費を2万円減らし28万円に収めることで、年間の取り崩し額を132万円に。64歳までは、生活費を1万円減らし27万円に収めることで、年間の取り崩し額を120万円に。さらに65歳までは、生活費を1万円減らし26万円に収めることで、年間の取り崩し額を108万円にすることにしました。

なお、「家計は26万円のやりくりが限界」とBさんが言うので、これ以上は無理をしないことにしました。これで60歳から年金の出る65歳までの取り崩し総額は736万円。この取り崩しを、何とかリカバリーしなければいけません。そこで再雇用が終了する65歳以降も、70歳まで夫が働くことでリカバリーすることにしました。

これで夫の年金18万円、夫のパート収入10万円、妻のパート収入7万円となり、合計の月収が35万円になります。しかも、この時点で住宅ローンは完済しているので、夫婦の生活費を26万円とすると9万円余ります。これを貯蓄に回すと5年間で540万円。さらに2年後から妻にも年金が7万円支給されるので、その分も3年間貯金すると、夫が70歳になる時点で792万円貯金することができます。

これで完全に取り崩し分をリカバリーできますし、70歳時点で退職金も全額残るので、安心して老後を迎えることができます。生活費も年金収入25万円に対して26万円で生活できているので、まずますと言えるでしょう。ちなみにBさんの夫は、「70歳を過ぎても元気なうちは、月3万円程度のアルバイトを続けたい」といっています。

3「しあわせ老後」のターニングポイント④

65歳からのライフスタイルを50代のうちから考えよう！

定年後、65歳からの年金支給までどのように働くかは、人それぞれ異なります。多くの場合、会社は65歳まで再雇用の椅子を準備しているようですが、よく考えて臨まないと「こんなはずではなかった」と後悔することになりかねません。

50代から定年退職後の働き方を考えましょう

再雇用となると、給料は大幅に減額されるし、部下が上司になるので立場も変わります。仕事はあっても責任ある仕事ではなくなるので、中途半端な立ち位置に嫌気がさしてしまう人も少なくありません。

もちろん退職後の仕事は、再雇用だけではありません。自分の得意分野を生かして別の会社へ再就職したり、独立してフリーランスで働いてもいいわけです。ただし、そのためには、ある程度の準備期間が必要です。50代のうちから退職した先輩に話を聞きに行ったり、興味ある分野の勉強会に参加するなどして、定年退職後の働き方について意識を向けていきましょう。

65歳以降の働き方も考えておきましょう

65歳以降も働くかどうかは、その人の考え方次第ですが、家庭の経済状況によっては、働かざるを得ない場合もあります。総務省の「家計調査」（図を参照）によると、高齢夫婦無職世帯の家計収支は、月平均収入額が20万９１９８円、月額平均支出額が26万３７１７円となっています。つまり、毎月５万４５１９円の赤字です。これは無職世帯のケースなので、収入のほとんどが年金収入と考えてよいでしょう。

もし、65歳から働かず、１００歳までの35年、このデータのように赤字分を取り崩すとしたらどうなるでしょうか。物価の変動はないものとして、65歳時点で約２２９０万円必要になります。つまり、65歳時点で約２３００万円のお金があり、月26万円で暮らせる自信があれば、働かなくても１００歳まで生活できそうです。ただし、これはあくまでも単純に食べていけるということでしかありません。「旅行や自分の趣味のために働く」という選択肢も、もちろんあります。

お金は人生の応援団です。やりたいことがあるなら、応援団を増やしましょう。そのためのお金の手立てを、できるだけ早い段階から計画しておくことが、しあわせ老後につながるのです。

次に、リタイア後、上手に暮らしているご夫妻の事例を紹介します。ぜひ、参考にしてください。

図●高齢夫婦無職世帯の家計収支　2017年

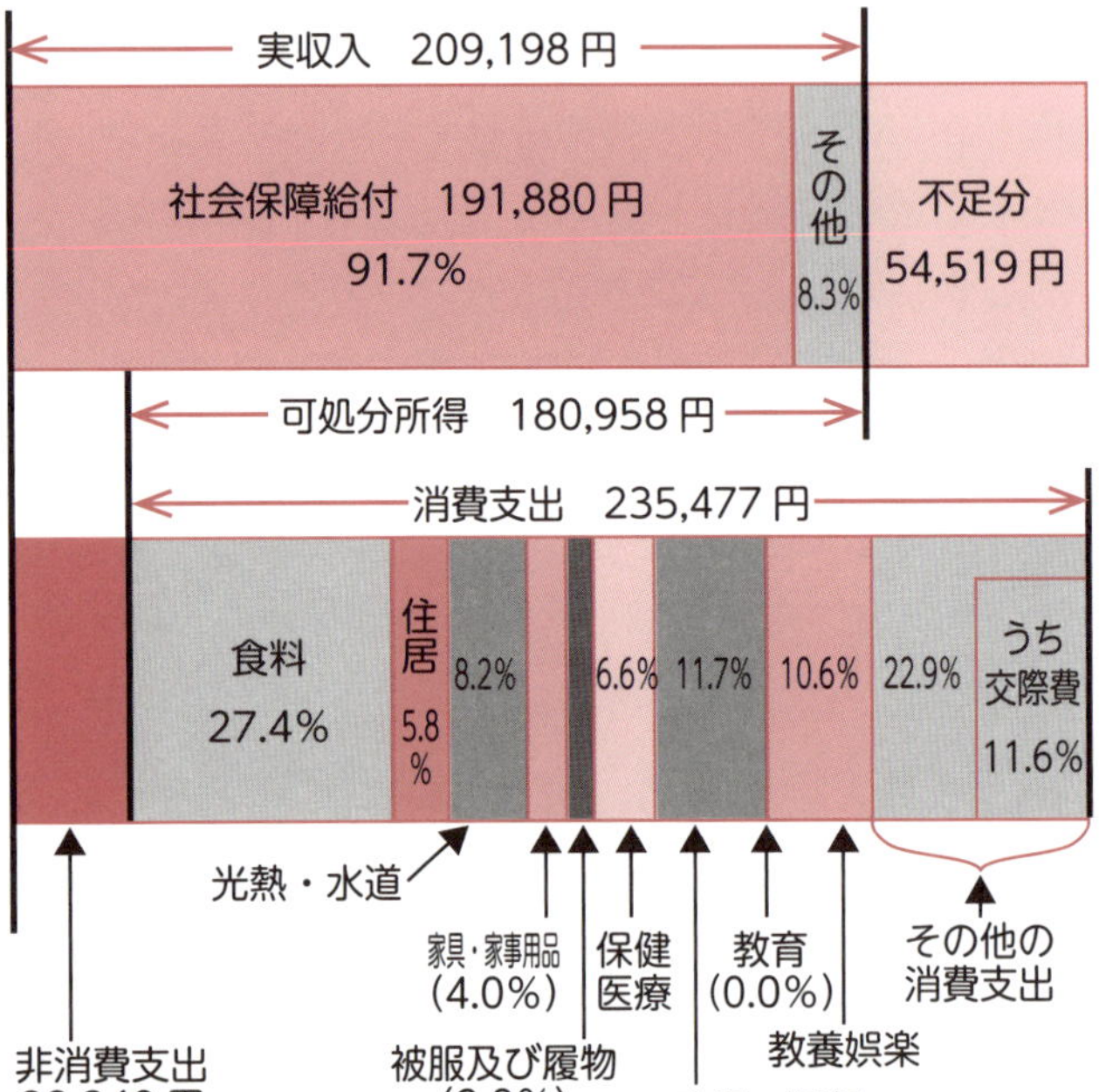

（注）1 高齢夫婦無職世帯とは，夫 65 歳以上，妻 60 歳以上の夫婦のみの無職世帯である。
2 図中の「社会保障給付」及び「その他」の割合（%）は，実収入に占める割合である。
3 図中の「食料」から「その他の消費支出」までの割合（%）は，消費支出に占める割合である。

夫婦で家事を一日交替

直樹さん（仮名）夫婦の例です。相談当時の年齢は68歳。夫婦共働きですが、勤めていた会社が零細だったため、年金の手取りは二人合わせても21万円程度（税金や健康保険、介護保険料など引かれて）でした。退職金も少なく、貯蓄も少ないため、長く働くことを考えていました。

ご夫婦はそれぞれ65歳まで、現役として働き、その後は、二人ともパートで働いています。注目すべきは、その働き方で、直樹さんが月・水・金、清子さんが火・水・金で働いています。こうすることで、金曜以外はお休みの人が、家事と夕飯づくりを担当します。そして、金曜日は仕事帰りに待ち合わせて居酒屋へ行き、土曜日は都内デートというスケジュールです。「東京には庭園や美術館がいっぱいあるので、季節ごとに庭園をめぐったり、美術館に特別展を観に行ったりしています。そして、帰りには美味しいものを食べるんです」と清子さんは言います。

日曜日の日中は自由行動です。お互い、どう過ごすかにはまったく干渉せず、それぞれ好きなことをして過ごします。朝食も昼食もバラバラにとります。ただし、夕食は二人で作り一緒に食べます。

旅行にも行きます。季節ごとに平日1泊2日の小旅行を楽しんでいます。

お二人のパート代は、合計しても手取りで月に7万円弱。それでも十分だと言います。貯蓄を切り崩すことなく、小旅行の費用も賄えるそうです。余れば、少し遠くまで2泊3日の旅行を楽しむこともあるのだとか。

妻の清子さんは、言います。「ずっと共働きでしたからね。退職後、朝から晩まで毎日ずっと二人で一緒にいるのは、ちょっと息が詰まりそうだと思ったので、夫の計画に賛成しました。土曜日は一緒に出掛けるけれど、日曜日は自分の好きなように過ごすというのが良かったです」。

お互い干渉しない時間を持てたことが、仲良し夫婦を長続きさせることの秘訣かもしれません。

仲良くといってもつかず離れず、べったりではない関係が、「次はどこへ行く？」と楽しく語り合える原動力になっているようです。

直樹さんは、「自分の介護のためのお金を蓄えるために働くというのは嫌だ。退職後は、ハードに働いてきた自分のご褒美として、少しは人生を楽しみたい。とはいえ、先立つものがそれほどないので、それなりに無理なく働いて、働いた分を遊ぼう」と考えたのだそうです。その甲斐があって、「いまは、本当に楽しく暮らしている」と心から思っているといえます。

そういう直樹さん夫婦も、先々のことは話し合っています。「こうして楽しめるのもあとわずかかもしれないが、どちらかの体が動かなくなるまで続けていこう。短い間でも、思いっきり楽しんだ思い出があれば、人生幸せだと思うよね」。

3「しあわせ老後」のターニングポイント5

病気や介護のリスクに備える

「死ぬまで元気でいたい」。

誰しもが思う老後のあり方ですが、実際には、なかなかそういうわけにはいきません。厚生労働省によると「健康上の問題で日常生活が制限されることなく生活できる期間」と定義されている健康寿命は女性74・79歳、男性72・14歳です。この歳から、それぞれの平均寿命まで女性は12・47年、男性は8・95年あり、この期間は日常生活に制限のある「健康ではない期間」と言えます。つまり、この期間が長ければ、それだけ医療費等がかかることになります。

では、実際に医療や介護の費用を、どの程度用意しておけばよいのでしょうか？

一人当たりの介護費用は約５１０万円

実は、老後マネーのご相談者から、必ずといってよいほど受けるのが、医療や介護にいくらかかるのかという質問です。残念ながら、スタンダードな答えはありません。というのも、住んでいる地域、あるいは医療や介護の質・サービスの範囲など、人それぞれ異なるからです。

まず、介護費用から考えてみましょう。生命保険文化センターが２０１８年に発表したアンケートによると、「一時的にかかる費用」と「毎月かかる費用×介護の年数」で計算すると、一人当たりの介護費用は約５１０万円。これはあくまでも平均です。一時的な費用がかからない人がいる一方で、人手が足りなくて自費でヘルパーさんを依頼する人、老人ホームに入居する人などさまざまです。当然、その場合は、この金額で収まりません。

年金の有無によって費用は変わる

筆者も今、夫の母親を介護しています。認知症になって10年経ちますが、昨年春まではデイサービス（週6日）とショートステイ（10日間）を合わせても、自己負担は6万円以内ですみました。もちろん、介護保険が適用されたからです。ほかにも膝を悪くし、治療やリハビリ、鍼灸など、さまざまな医療サービスを受けましたが、これらもできるだけ公的な医療保険でまかなったため、一時的な支出はそれほどかかりませんでした。

ところが、昨年春にまったく立つことができなくなり老人ホームに入居。それから次のとおり、支出はグ〜ンと増えてしまいました。入居一時金は18万円ですが、それに賃料6万円（個室）、管理費・運営費等6.6万円、食費5.6万円の合計18・2万円が毎月かかります。さらに特定施設入居者生活介護を利用しているため、要介護5の自己負担額2万５６３２円もかかるので、合計約21万円。ほかにもオムツやトイレットペーパー、クリーニング代などの生活費に加え、病院への付き添い同行費用などもかかります。これを私たち夫婦がすべて負担するとなると大変ですが、幸いに義母の年金が遺族年金も含めて20万円あるので、取り崩しは多くて月3万円程度に収まっています。

筆者の実母も心臓が悪く、右肩骨折の術後、思うように右手を動かすことができません。そのため要支援２（自治体の認定）となり、今はリハビリ中心の介護施設に通所しています。この自己負担が月４０００円程度で、ほかに週１回ヘルパーさんによる訪問介護サービスを受けていますが、介護費用としては月額１万円もかかっていません。

準備は早めに

いかがでしょうか。生命保険文化センターの平均と、私が直面している現実はまったく違います。このように高齢期になっての介護は、あくまでもケースバイケースです。とはいえ、平均を知っておくとともに、平均とされる５１０万円をめどに準備する心構えは、常にもっておくべきだと思います。
また、自分の介護を考えるということは、終の棲家を考えることでもあります。というのも、最期を過ごす場所（在宅or施設）選びを左右するのが、介護にかかる費用だからです。特に子どもに迷惑をかけたくない人や子どものいない人は、最終的には特別養護老人ホームであれ有料老人ホームであれ施設入所等を想定せざるを得ません。そうなると510万円という金額を目安に貯蓄する必要があるので、早めに準備することをお勧めします。

介護にかかる月額費用＝7.8万円

一時的にかかった費用の合計＝69万円

介護期間＝54.5か月

約8万円×約55か月＋69万円＝509万円≒510万円

介護期間

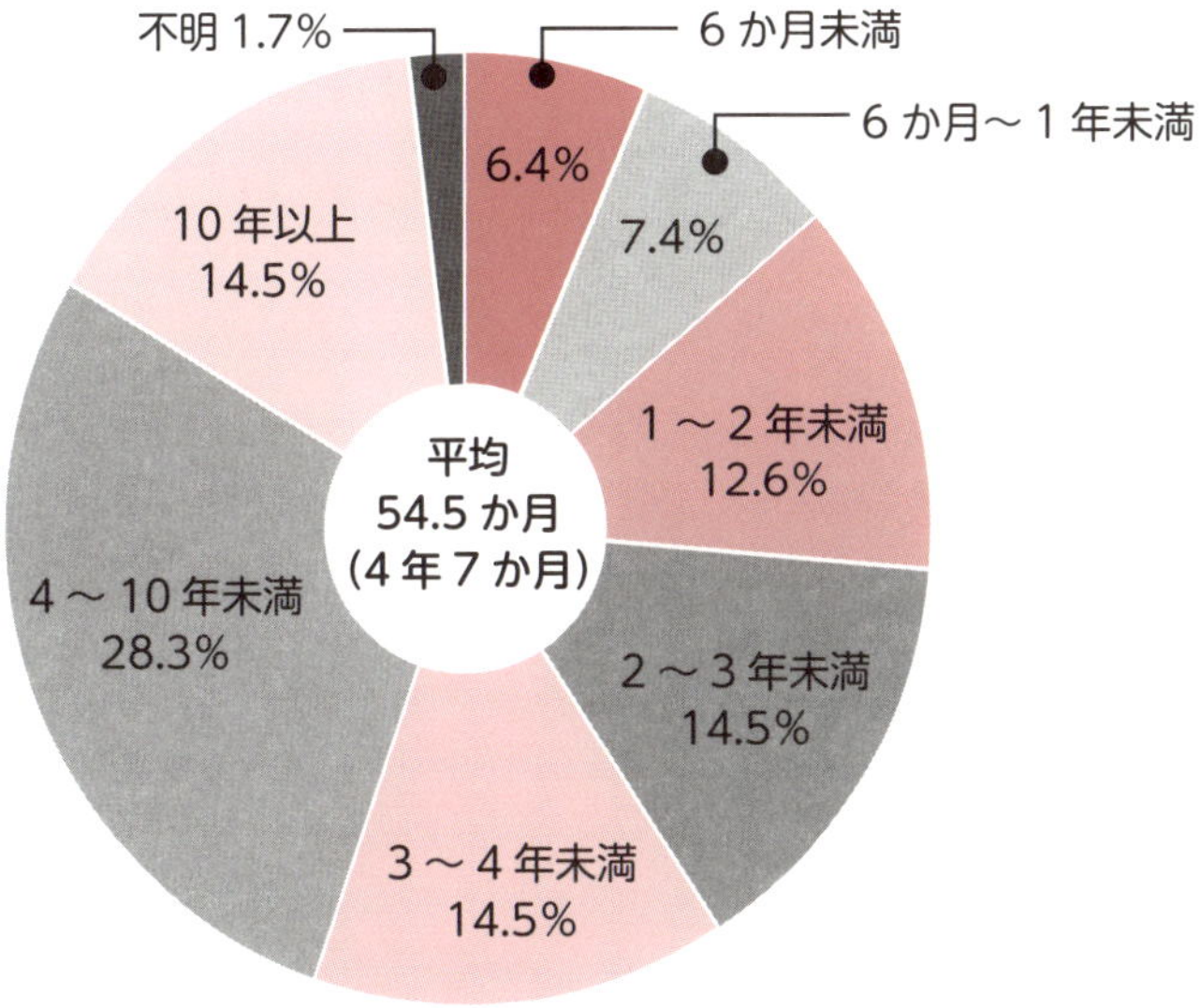

一時的な費用

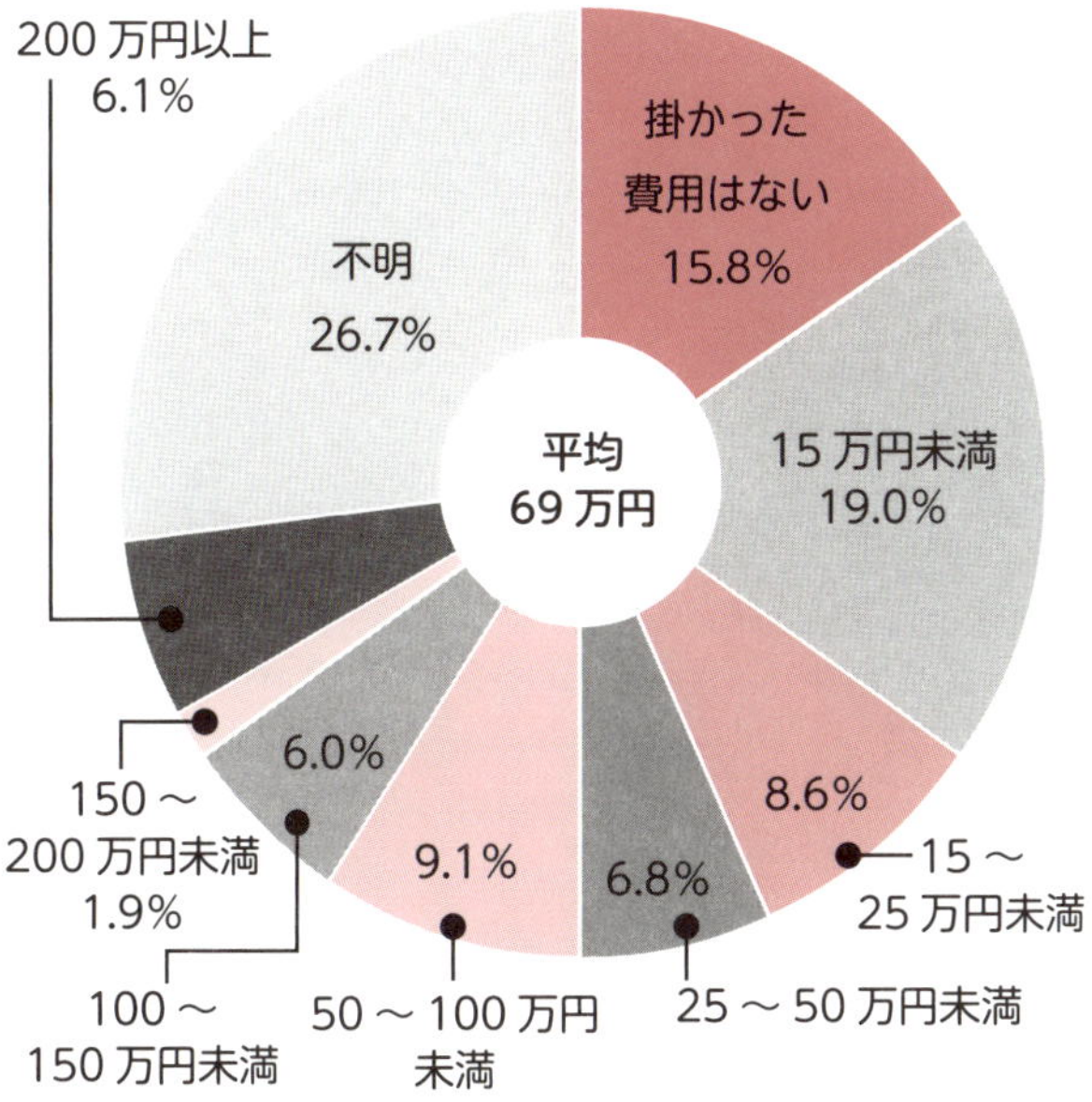

月　額

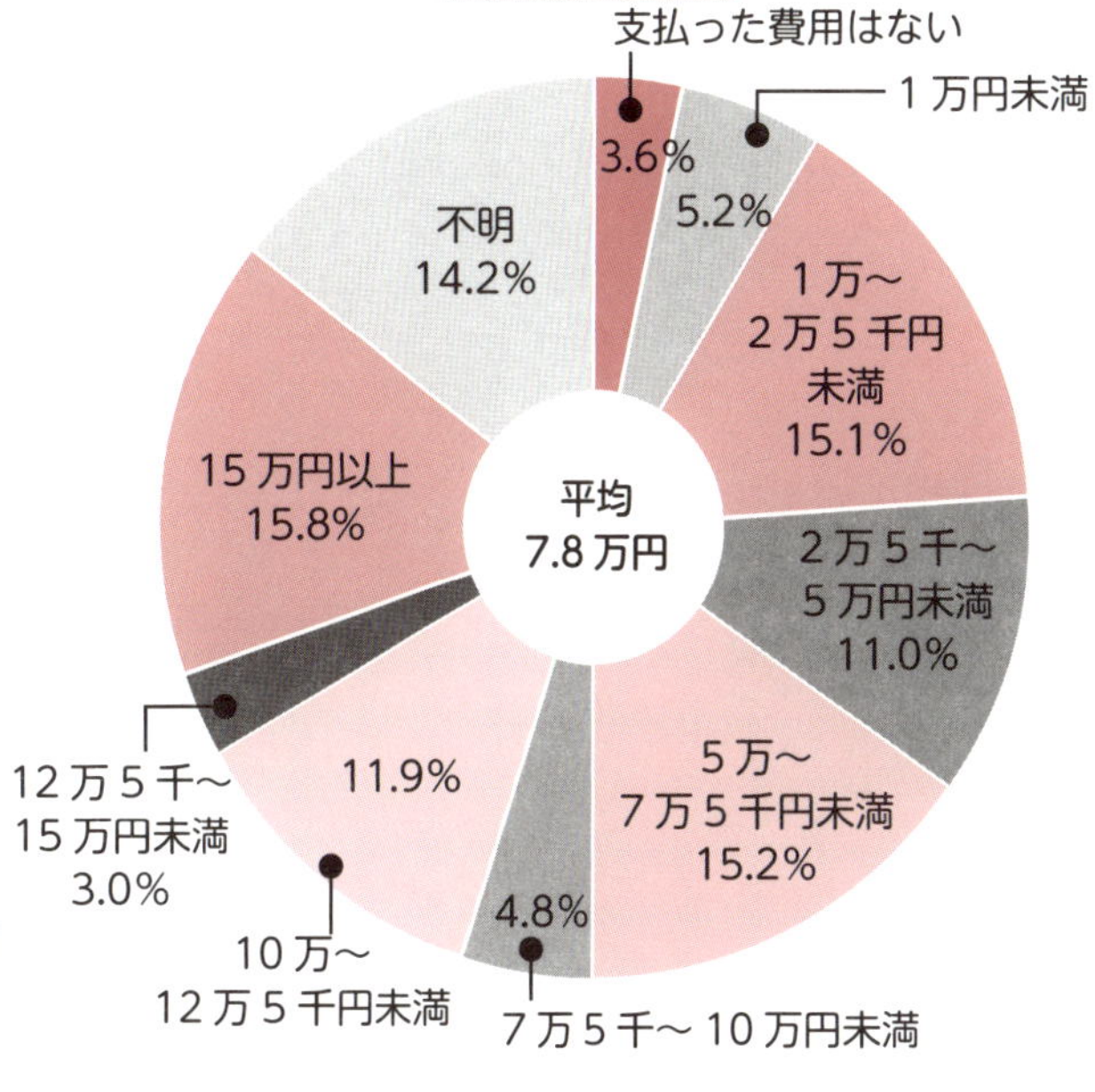

医療費の目安は250～300万円？

介護の費用と同じくらい予算を立てにくいのが、高齢期の医療費です。というのも高齢になればなるほど、病気や入院のリスクが高まるからです。例えば、厚生労働省の「医療保険に関する基礎資料（平成26年実施）」（図1参照）を見ると、70歳以降、急激に医療費が増えていくのがわかります。

ちなみに、この時のデータで65歳以降99歳までの医療費の自己負担額を合計すると約275万円となり、かなり高額です。ただし、これは各年齢の平均を合計したものなので、病気により毎年入院を繰り返している方でない限り、この金額にはなりません。このように実際にどれくらいかかるかは、ケースバイケースでまったく違ってきます。それでも、自身の医療費の目安を250～300万円とし、まえもって準備しておけば安心できると思います。

図1●年齢階級別1人当たり医療費

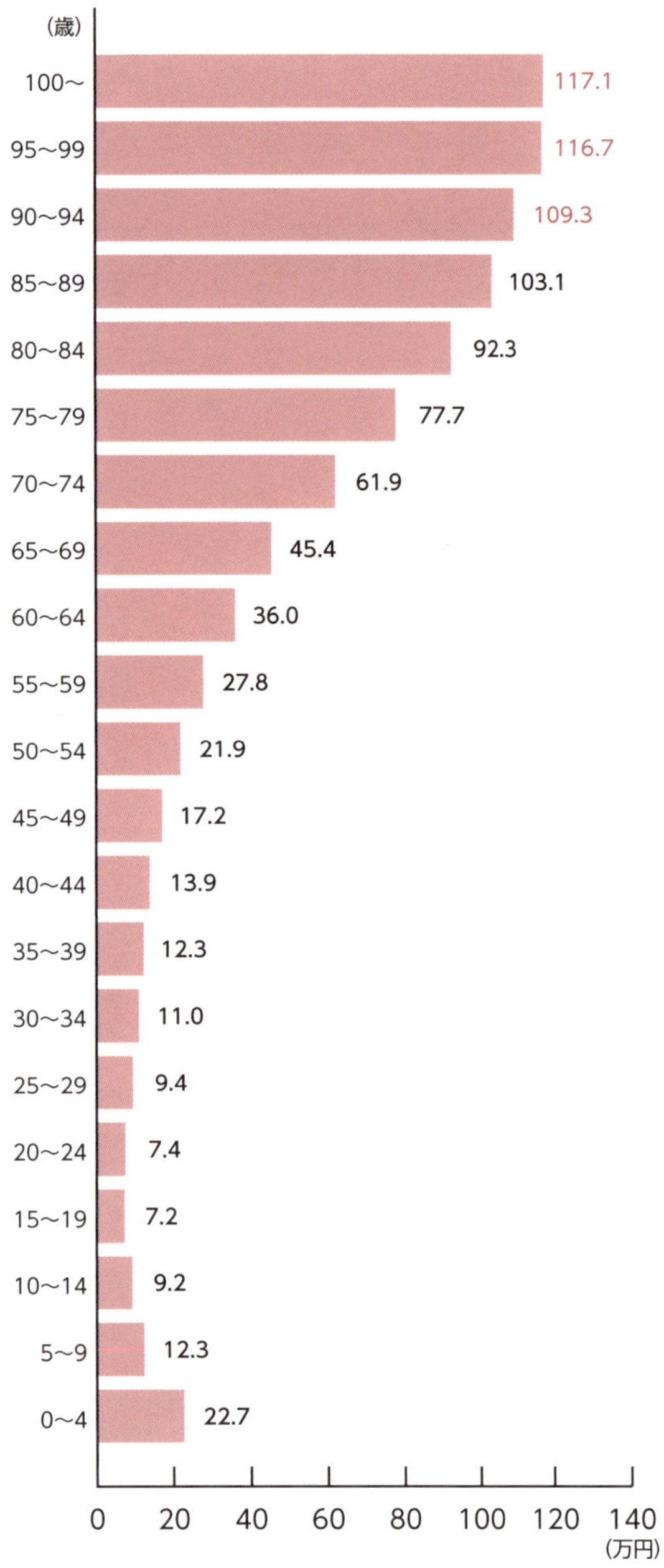

※「医療給付実態調査報告」（厚生労働省保険局）等より作成

医療保険の見直し・新加入は費用対効果も含めて検討しましょう

医療費を準備する手段の1つに医療保険への加入があります。特に50代になると、「近い将来、病気や入院のリスクが高くなるので、今のうちに医療保険を見直そう」という人が増えます。実際、相談者の中にも大勢います。もちろんリスクを回避することは重要ですが、補償内容を見直したり、新たな保険に加入しようとすると当然、保険料は高くなります。そこまでして、高額な保険に入る必要があるのでしょうか。

試しに、あるネット生命のサイトを使って「55歳の男性が医療保険に加入する」ケースでシミュレーションしてみました。入院した場合の日額を5000円、保険期間は終身、保険料払い込みは65歳までとすると、月々の保険料は8717円、払い込み合計保険料は104万6040円になります。

ちなみに筆者の父は肺がんを患っていましたが、手術や治療のための入院はしませんでした。最終的にホスピスに入って亡くなりましたが、この保険ですとホスピスにお世話になった23日間分、つまり11万5000円しか支給されないことになります。払い込み合計保険料に比べて著しく見劣りするのはもちろんですが、そもそもホスピスの入院費用35万円すら賄えません。

もちろん長期にわたって入院が必要な病気も少なくありませんが、この保険に払い込む保険料相当額を貯蓄に回すのも1つの方法ではないでしょうか。あくまでも1つの例にすぎませんが、50代を過ぎての医療保険の加入は、費用対効果も含めて十分検討するべきだと思います。

公的医療保険制度の仕組みを理解しましょう

そもそも日本の公的医療保険には、高額療養費制度（医療機関や

図2●高額療養費の自己部負担の上限額

適用区分	外来（個人ごと）	外来＋入院（世帯ごと）
Ⅲ 課税所得 690万円以上の方	**252,600円** ＋（医療費－842,000円）×1％ 〈多数回 140,100円 (※2)〉	
Ⅱ 課税所得 380万円以上の方	**167,400円** ＋（医療費－558,000円）×1％ 〈多数回 93,000円 (※2)〉	
Ⅰ 課税所得 145万円以上の方	**80,100円** ＋（医療費－267,000円）×1％ 〈多数回 44,400円 (※2)〉	
課税所得 145万円未満の方 (※1)	**18,000円** （年間の上限 144,000円）	57,600円 〈多数回44,400円 (※2)〉
Ⅱ 住民税非課税世帯 (※3)	8,000円	24,600円
Ⅰ 住民税非課税世帯 （年金収入80万円 以下など） (※3)		15,000円

（※1）世帯収入の合計額が520万円未満（1人世帯の場合は383万円未満）の場合や、「旧ただし書所得」の合計額が210万円以下の場合も含みます。
（※2）過去12か月以内に3回以上、上限額に達した場合は、4回目から「多数回」該当となり、上限額が下がります。
（※3）住民税非課税世帯の方については、従来どおり、限度額適用・標準負担額減額認定証を発行します。

薬局の窓口で支払った額が、ひと月で上限額を超えた場合に、その超えた金額を支給）があるので、一度に高額な医療費がかかっても、上限額を超えた分は還付されます（図2参照）。

また、75歳を過ぎると後期高齢者医療制度の被保険者になるので、一般的な年収の人であれば医療費の負担割合は1割ですみます。入院や手術をしても課税所得が380万円未満であれば、自己負担は8万円程度です。このように今の制度を利用すれば、ほとんどのケースで医療費を抑えることができるのです。

ただし、陽子線治療や重粒子線治療などの先進医療を受けるとなると全額自己負担になります。どちらもガン治療に用いられていますが、技術料は平均して200〜300万円と高額なので、この備えということであれば、医療保険やがん保険の先進医療特約が有効かもしれません。

最近では、先進医療に特化した保険も販売されているので、調べてみて、検討するのもよいでしょう。

熟年離婚は夫婦どちらも〝老後ビンボー〟に!

熟年離婚は、あまりお勧めできません。これから詳しく説明していきますが、一般の家庭ではビンボーの分け合いにしかならないからです。

離婚時に問題となるお金は、財産分与、年金分割、慰謝料になります。それぞれについて、詳しく見ていきましょう。

財産分与は半々で分け合うのが原則

財産分与の対象になる財産は、結婚している間に双方が築いた財産だけです。結婚前にそれぞれが貯めていたお金や親・祖父母などからの相続、贈与は対象になりません。財産分与は、半々で分け合うのが原則です。

当然ですが、プラスの財産だけではありません。結婚後に購入したマイホームの住宅ローンなどの負債も財産分与の対象になります。マイホームを売却してもローンが残る場合は、プラスの財産からその分を引いて、二人で分けることになります。

なお、住宅の名義人が100%夫でも、結婚後に購入した場合は離婚時の財産分与の対象になります。

退職金も、財産分与の対象になります。退職金の場合は、離婚時に退職したとして、もらえる退職金の額を勤務年数のうちの婚姻期間の割合で乗じた額を半分にします。

計算式

退職金×(婚姻期間÷勤務年数)×$\frac{1}{2}$

離婚した場合、夫の年金の半分はもらえません

次に年金分割ですが、多くの人が勘違いしているようで、よく「夫の年金の半分をもらえるんでしょ」と、聞かれます。残念ながら分割できるのは、厚生年金分だけで国民年金分は分割されません。しかも、夫の報酬比例部分(厚生年金)の半分ではなく、結婚していた期間にあたる分の半分です。例えば、結婚期間が30年の場合、その間の老齢厚生年金分が10万円だとすると、5万円が年金分割され、妻自身の老齢年金を7万円とすると合計して12万円程度の支給となります。年金分割をすれば、たとえ離婚後すぐに夫が亡くなっても、妻が生きている間はずっと分割した年金を受け取れますが、支給される額は決して多くはないことを知っておきましょう。

なお、妻が結婚期間中に会社員として働いていた場合は、妻と夫の年金の報酬比例部分(厚生年金)を合計して、合意の下で半分に分割します。会社員時代、妻のほうが夫よりも所得が多い場合は、同様に計算をして、合意のもと夫に年金を渡すことになります。

慰謝料は性格の不一致などでは請求できません!

慰謝料は、離婚に限ったものではありません。「不法行為」を行った者が、その損害を償うために被害者に対して支払う金銭を言います。離婚の際に慰謝料が認められるのは、一方に「不法行為」にあたる重大な落ち度や不貞行為・暴力などがあった場合に限られま

す。ちなみに不貞行為とは浮気や不倫などのことで、暴力行為の典型例はDVなどです。したがって「こんな夫と老後に一緒にいたくない」とか、性格の不一致、お互いの価値観の違いによる離婚の場合は、相手側に落ち度や責任はありませんので、慰謝料を請求できませんし、求められても支払う必要はありません。

　実際に支払われる慰謝料の額ですが、不貞行為であれば、その頻度や期間などによって悪質性、責任の重さが変わります。暴力の場合も、その頻度、暴力の程度や怪我の大きさによって落ち度、責任が変わってきます。いずれも落ち度、責任が重いほど、慰謝料額が高くなる傾向にあります。

　例えば、結婚してからの期間が長かったり、未成年の子どもを何人も抱えている方の場合、離婚による打撃・精神的ショックは大きくなる傾向にあるので、必然的に慰謝料額は高額になります。また、経済力が高い方が離婚の原因を作った場合も、慰謝料が高くなる傾向があると言われています。それでも一般的には、200〜300万円のケースが多いと言われています。

　こうしてみると、会社員で子どもを進学させ、住宅ローンが残っている夫婦の場合、退職金を含めても財産分与の額はそう多くならないと思います。もちろん年金分割も、それほど期待できません。家を売って、お互いが賃貸に住み、70過ぎてもパートで働く。それぐらいして少しでも貯蓄をしていかないと、財産分与や年金分割で増えた分だけでは、病気や介護に備えることはできません。経済的に見れば、熟年離婚はお得どころか、夫婦とも老後ビンボーになる可能性が極めて高いのです。

財産分与の計算例

60 歳の定年退職時点で離婚（婚姻期間 30 年）すると仮定して、財産分与の額を想定してみましょう。

4 大卒の会社員の退職金は平均で約 2,000 万円と言われているので、財産分与の対象は約 1,600 万円になります。一方、60 歳時点での住宅ローンの残債は 1,000 万円、住宅（築 30 年の建売）を売却する際の査定は高く売れても 15,000 ～ 2,000 万円なので、手元に残るのは多くても 1,000 万円弱です。あとは貯蓄ですが、これも進学費等で使い果たしているので残高は 300 万円しかありません。

これらを合算すると 2,900 万円。これを夫婦で 2 分割すると、それぞれが受け取れる額は 1,450 万円となります。つまり、1,450 万円の老後資金で、残りの人生（100 歳まで生きるとして 40 年間）を過ごすことになります。

財産分与後の妻の暮らし

上記のように年金分割をした後の妻の年金額を 12 万円として、離婚後の妻の暮らしを見ていきましょう。

60 歳時点では、年金はまだ出ませんから、月 6 万円のパートをしても、月 7 万円程度の家賃を払い、税金や社会保険料を含めて生活費を 7 万円とすれば 8 万円の赤字です。年間 96 万円の赤字を 5 年間続けるわけですから、合計で 480 万円取り崩すことになります。

さらに 65 歳以降の支出を単身無職世帯の平均で見ると、税金や社会保険料を併せて 15 万円かかるので、12 万円の年金に対して 3 万円の赤字。これを 70 歳までパートで埋めるとしても、70 歳の残金は 970 万円です。このお金を老後資金として残りの人生（100 歳まで生きるとして 30 年間）を暮らしていくことになります。

3 「しあわせ老後」のターニングポイント⑦

おひとりさまのリスクは「老後資金」と「住まい」

65歳以上の高齢者の世帯に限って言えば、「単独世帯」は627万4千世帯と、高齢者世帯の47・4%を占めています。男女比は、男性32・6%、女性67・4%と、高齢者になればなるほど女性の一人暮らしが増えていきます。

「おひとりさま」と一口に言っても、ずっとシングル、離婚後にシングル、死別でシングルなど、さまざまなおひとりさまがいます。また、お子さんのいるシングルもいれば、お子さんのいないシングルもいます。

ここでは、60歳以降のリスクマネジメントについて考えてみましょう。おひとりさまの暮らしで、注目すべきポイントは「老後資金」と「住まい」です。

若いうちから計画的に老後資金を貯めましょう!

総務省の家計調査によると、高齢単身無職世帯の家計収支は、社会給付（公的年金）による収入がおよそ10・7万円、消費支出が14・2万円、非消費支出（税金や社会保険料）が1.2万円となっています。つまり、不足額（取り崩し額）は4.7万円になります。

人生100年を考えると、潤沢な貯蓄がなければ、働けるうちは最低でも不足額分を働いて補う必要があるかもしれません。おひとりさまの場合、一人大黒柱なので健康を害し働けなくなれば、即収入が途絶えてしまうというリスクがあります。そうした事態を極力避けるためにも、「健康で長く働ける体」をつくっておくことが重要なポイントになります。

もう1つ、言うまでもありませんが、老後資金をより多く貯められるよう、若いうちから計画を練っておくことも重要です。

身体的・金銭的なリスク解消が不可欠

高齢者がスムーズに部屋を借りるためには、身体的なリスク（部屋の中で体調を崩したり亡くなったりすること）と金銭的なリスク（家賃の滞納リスク）の両方を解消する必要があります。身体的なリスクについては、近所に子ども夫婦などが住んでいれば、貸し主や管理会社も安心して貸してくれます。一方、金銭的なリスクについては、仕事をしている子どもたちが連帯保証人になることで、審査に落ちる確率がかなり抑えられるでしょう。

高齢者が賃貸物件を借りる場合、通常よりも入居審査のハードルが上がります。そのため、以下のような高齢者を支援する制度が用意されています。

●家賃債務保証

一般財団法人高齢者住宅財団が行っている居住支援サービスで、高齢者が賃貸物件を借りる際の家賃の滞納を保証し、当該財団が連帯保証人になってくれます。これにより、入居審査が通りやすくなります。

●高齢者向け賃貸住宅

UR賃貸住宅が行っている支援制度で、高齢者向け優良賃貸住宅、高齢者等向け特別設備改善住宅、健康寿命サポート住宅、URシニア賃貸住宅、シルバー住宅など、高齢者にとって住みやすい環境と設備を整えた物件を扱っています。もともと高齢者向けの賃貸物件なので、高齢者であることを理由に審査で落ちることはありません。

遺言に死後事務委任契約を明記しておきましょう!

おひとりさまは、以下の5点セットで自分の財産管理とエンディングの準備をしていきましょう。

①「任意後見契約」&「財産管理委任契約」（90−91p参照）
②「民事信託契約」（92−93p参照）
③「遺言」
④「死後事務委任契約」
⑤「エンディングノート」

ここでは、特に死後事務委任契約について説明します。死後事務

図●高齢者世帯の世帯構造

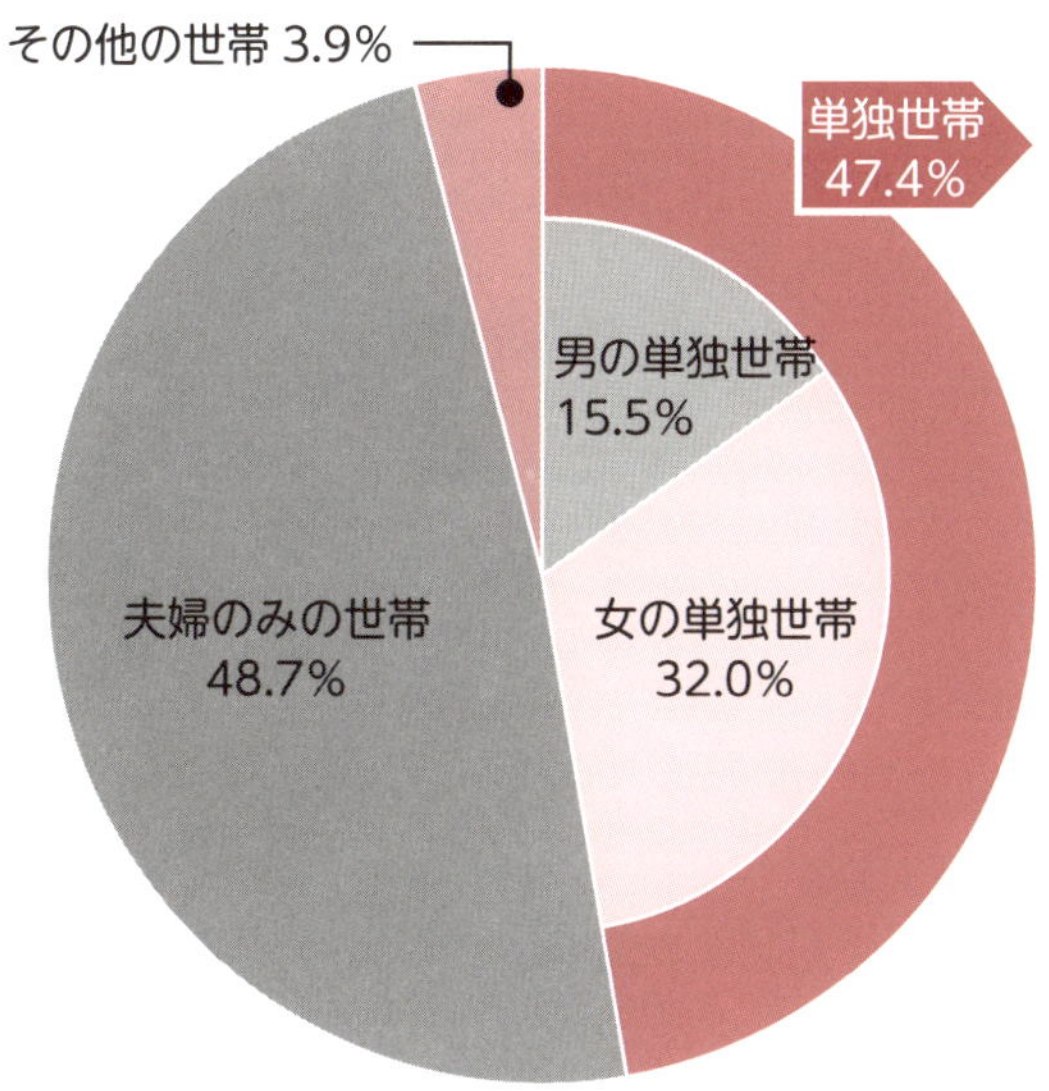

（注）「その他の世帯」には、「親と未婚の子のみの世帯」及び「三世代世帯」を含む。

図● 65 歳以上の単独世帯の性・年齢構成

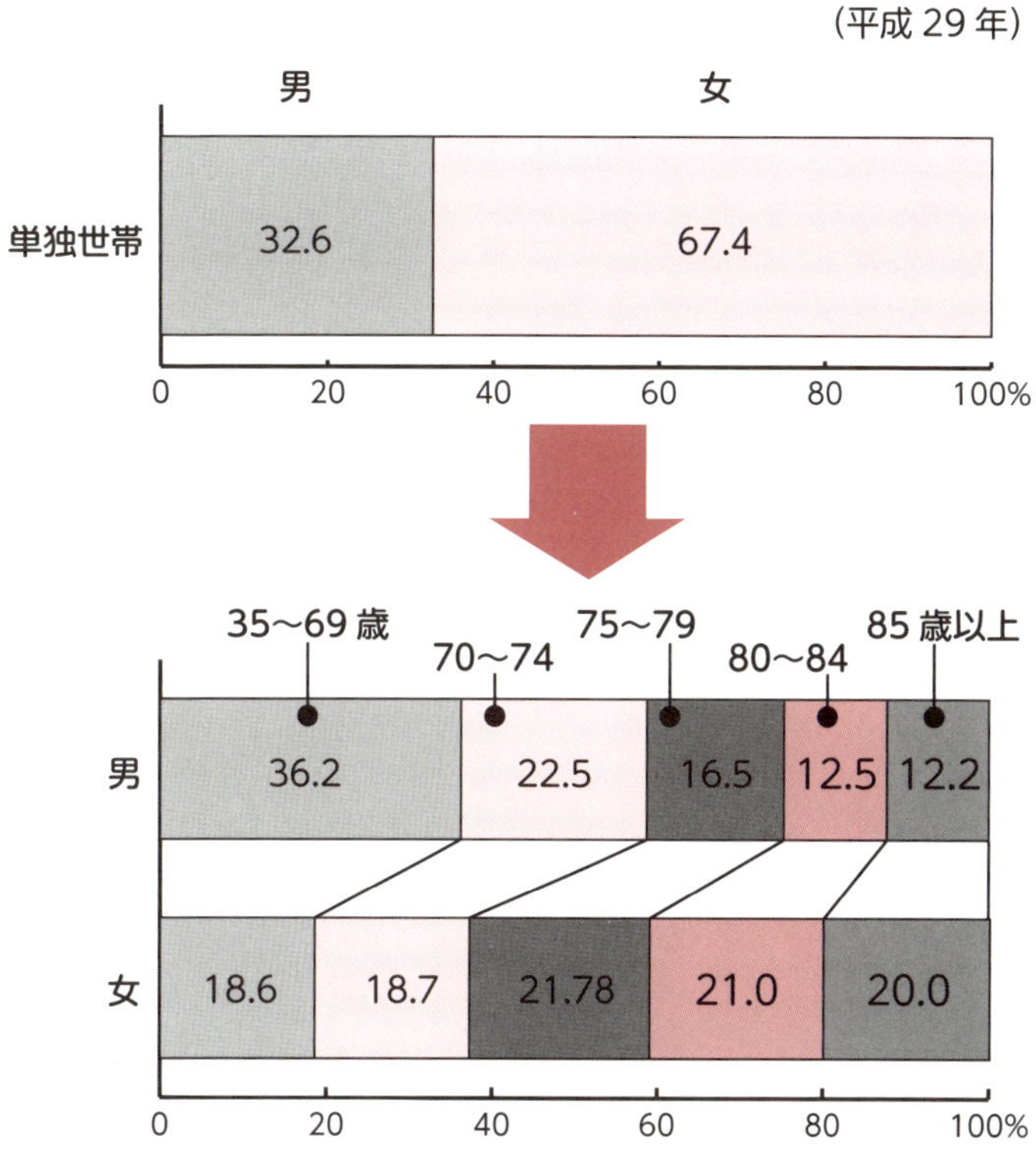

図●高齢単身無職世帯の家計収支　2017 年

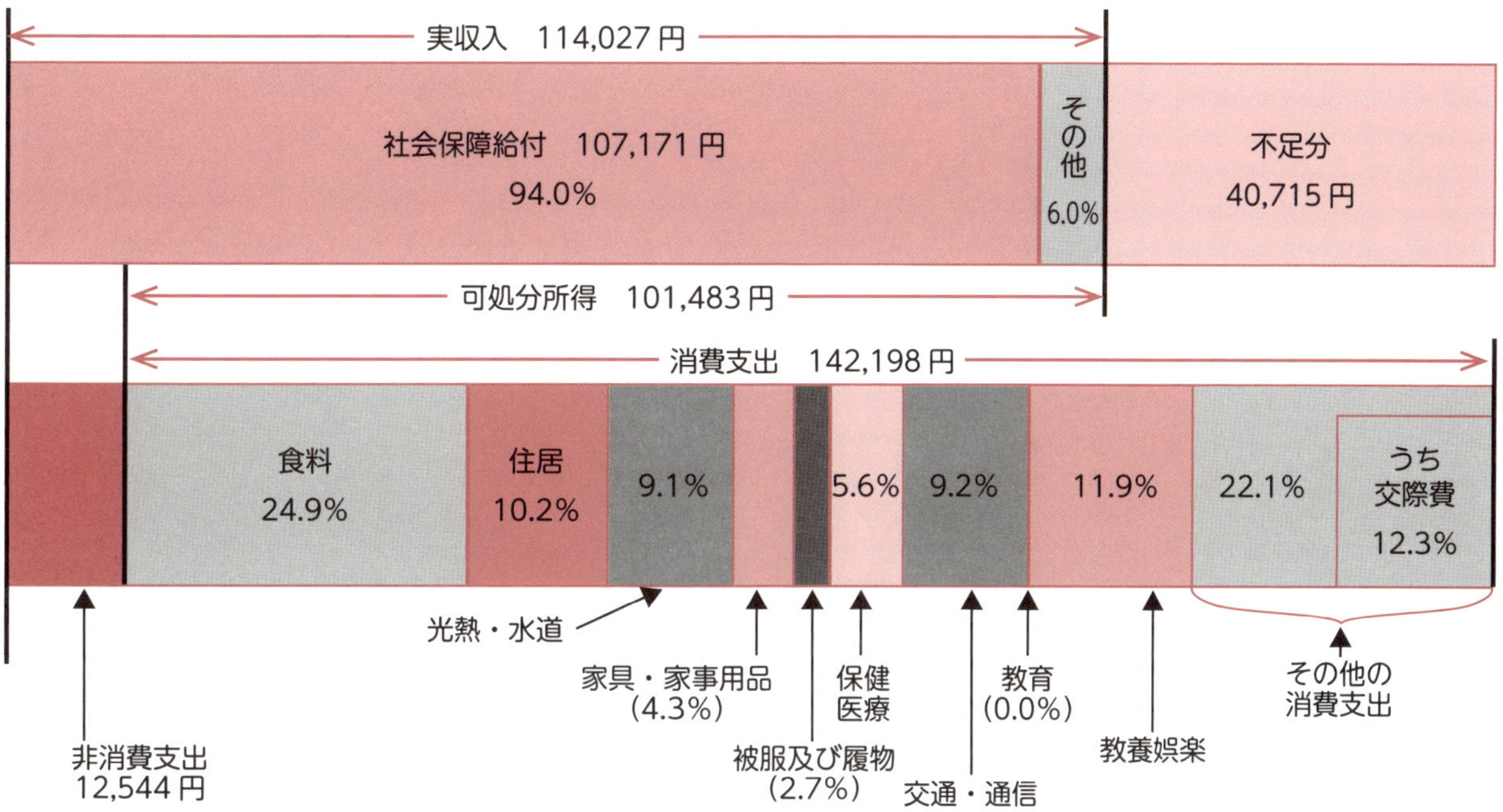

（注）1 高齢単身無職世帯とは，60 歳以上の単身無職世帯である。
2 図中の「社会保障給付」及び「その他」の割合（%）は，実収入に占める割合である。
3 図中の「食料」から「その他の消費支出」の割合（%）は，消費支出に占める割合である。

委任契約とは、自分が亡くなった後の葬儀、納骨、家の整理や医療・介護機関への支払いなどを、第三者（法人も含む）へ委任する契約のことです。特に相続人のいないおひとりさまや遠い親戚しか身寄りのない人には、必要な契約だと思います。

主な具体的な内容は、以下のとおりです。

・医療費の支払に関する事務
・家賃・地代・管理費等の支払いと敷金・保証金等の支払いに関する事務
・老人ホーム等の施設利用料の支払いと入居一時金等の受領に関する事務
・通夜、告別式、火葬、納骨、埋葬に関する事務
・菩提寺の選定、墓石建立に関する事務
・永代供養に関する事務
・相続財産管理人の選任申立手続に関する事務
・賃借建物明渡しに関する事務
・以上の各事務に関する費用の支払い
・その他

こうした事務を委任する場合は、遺言で死後事務委任契約をしていることを書いておいたほうがスムーズに進みます。筆者も死後事務委任契約を受けたことがありますが、内容はシンプルで、一切の家財や生活用品、服やアクセサリー、写真や日記類に至るまで、すべてを処分してほしいとの要望でした。相続人はいましたが、「財産は残すものの生活した痕跡は残らないようにしてほしい」「遺骨も散骨してほしい」と、なんとも潔い方でした。

こうした要望のある方は、遺言で死後事務契約の金額的な面まで踏み込んで書いておかないと、相続人との間でトラブルになり、せっかくの事務契約が実行されなくなってしまうかもしれません。

自分の死後に「誰に何を残すのか」を遺言として残しておくのは、どの世代、誰にとっても必要なことですが、一人っ子で子どものいないおひとりさまの場合、特に必要です。

なぜなら、自分が亡くなるときに法定相続人がいないからです。相続人のいない人の財産は、遺言で、遺贈する先を指定しない限り、すべて国庫に入ります。

残したい相手がいる場合は、遺言を書いておかなければ、望みはかなわないのです。

入院、終末医療の準備も怠りなく

終末医療について、特に希望があれば、尊厳死宣言書や事前指示書などに、その旨を書いておく必要があります。分かりやすい場所に保管するのはもちろんですが、保険証のケースなどに入れておくと良いでしょう。

また、病院に入院する際には、身元引受人や保証人が必要になります。お子さんのいないおひとりさまの場合、身内や親せきに身元を引き受けてくれる人を事前に頼んでおくことも忘れないようにしましょう。

なお、おひとりさまのために身元を引き受けてくれる団体もあるので、早めに調べておくことをお勧めします。

シングルになっても人生を楽しんでいる和人さん（78）

数か月に一度、相続や財産管理について相談にいらっしゃるダンディな「おひとりさま」がいます。彼の名は和人さん（仮名 78）。毎回、お会いするたびに「安田さん、僕はね、いま、人生楽しくてしょうがないんだ」とおっしゃいます。

65 歳の時に奥様と死別。お子さんはいません。地方の山間に小さなマンションタイプの別荘をお持ちです。これは体の弱い奥様のために購入したものです。

奥様が亡くなられてから数年たって、やっと一人暮らしになれたころ、和人さんは自治体主催の教養講座で水彩画や写真の楽しみを覚えたそうです。そのころ私が講師を務めていた講座に参加されたのがきっかけで、和人さんの相談を受けるようになりました。

和人さんは今、東京の家を売り払って別荘住まいです。数年前に決断する際、お手伝いをしましたが、別荘暮らしは彼にとって「正解」でした。いま、本当に活き活きと暮らしておられます。畑を借りて野菜を作ったり、ドライブを楽んでいるそうです。美しい山々を見ながらピクニックしたり、スッケチするなど、仲間とのおしゃべりも楽しみの一つだと言います。

暮らし始めてから、どんどん友人も増えているそうです。「夜は、一人で自炊してもさみしくないよ。昼間、さんざん友達とおしゃべりしているから。じっくり本を読んだりワインを飲んだりして、いい時間が流れていくんだ。」と和人さん。

和人さんの住まいは、車がなければ生活できない地域です。もちろん、具合が悪くなった時は、タクシーを呼ぶことができます。それでも「雪道を運転できなくなったら、里に移る覚悟はできている」と言います。

かつて相談に来られたとき、私は「本当にやりたいことがあるなら、たとえそれが短い時間であっても、心底楽しんだことは記憶に残るし、人生に彩りを与えてくれるのではないか」という話をしました。その結果、和人さんは、終の棲家にはならないかもしれないことを前提に、山間の別荘に移ることを決心したのです。「車を運転して病院に通院することができなくなったときは、里に下りて病院通いがしやすいところに引っ越す。体が元気でいる間、たとえそれが数年間であっても、充実した日々を暮らせるのであれば、山間の別荘で目いっぱい人生を楽しもう」と決めたのです。

親が元気なうちにやっておくことってなに？

核家族が進む今の子ども世代にとって、親の老後や介護は「未知の世界」です。「長生きしてほしい、でも介護になったらどうしよう」という不安もあります。にもかかわらず親の生活状況、親の財産、親の友達や親の考えなど、ほとんど何も知りません。また、「老い」「介護」「終末期」についての知識もありません。

ここでは、親が元気なうちにやっておくべきことについてみていきましょう。

親が高齢になると必ず子ども世代は巻き込まれる！

年齢が高くなってくると、判断能力の衰えも見られるようになるし、病気やけがなどから介護状態になることもあります。高齢化が進むといろいろな問題に直面していきます。こうした問題は、親が元気なうちは無関係だと思ってしまいがちですが、いざ問題が発生すると、必ず子ども世代は巻き込まれてしまいます。

相談者の中に、「両親そろって元気そうだと安心していたのですが、母親が初期の認知症になり、買い物先でたびたび迷惑をかけていたみたいで、それを父親が一人で対処しているうちに心労で倒れ、救急車で運ばれ入院してしまい、お金の面のことも知らされていなくて、費用を立て替えています」という方がいました。このように準備不足は、子ども世代の生活にも大きな影響を与えます。親が高齢になるとどのようなことが起きるのかを、事前に予測して、親の暮らしを把握しておくことは、自分のためでもありますし、兄弟姉妹で話し合っておくことで、余計な支出を防ぐことになります。

親の現状を把握しましょう

親が高齢期になって起きるさまざまな問題に対応するために、親が元気なうちに事前にやっておくことがあります。まずは、親の現状を把握することです。離れている親の暮らしぶりを知るのは、認知症の予兆や体の衰え、オレオレ詐欺や悪徳商法から親を守るためにも、とても大事なことです。

健康状況はもちろん、住んでいる家の環境（お風呂場の浴槽の高さや寝室からトイレの動線など）や近所づきあい、交友関係も知っておきましょう。親の変化は、近所の方やかかりつけ医が把握していることがよくあります。認知症や重篤な病気をいち早くわかるように、かかりつけ医やご近所さんに挨拶をして、両親におかしなことがあったら連絡してもらえるように自分の連絡先を伝えておきましょう。また、急な健康状態の悪化で介護が必要になったときに備えて、地元の地域包括支援センターに赴き、地域の介護状況を事前に知っておくこともお勧めします。

エンディングノートは一緒に作る感覚で！

エンディングノートは、親に無理やり書かせるものではありません。一般的に高齢になればなるほど、エンディングノートを書くのを嫌がります。視野に入ってきている自分の死について考えるのが怖かったり、判断能力が衰えているため決断できなくなっているからです。その場合は、子どもが親の考えを聞きだし、まとめたり記録したりするためのヒアリングシートとして使うことをお勧めします。ノートを前に親と話すことで、親とのコミュニケーションが図れますし、親の率直な気持ちを聞くこともできます。大切なのは一緒に作るという気持ちです。

最初に何を聞くかですが、まずは親がこれからやりたいことを聞きます。その際、重要なのは「これから、これだけはやっておきたいことってなに？」と聞くことです。「ある？」と聞くのは、「ない」ことが前提になるので好ましくありません。それでも「特にない」と親は言うかもしれませんが、この質問をすることによって、親は「やっておきたいことはあるかな」

と考えるようになるのです。

エンディングノートの良いところは、法的拘束力がないので、気楽に何度も書き直すことができることです。終末医療や相続について、迷ったり悩んだりすることは誰にもあります。そういう時は、「いつでも書き直せるから、とりあえず今の気持ちをメモしておこう」と言って、いつでもはがせるように付箋に書いてもらえば、話はすんなり進むと思います。

注意点はただ一つ。親の考えや気持ちを否定せずに、最後まで聞くことです。えてして親の知識は古く、最新の情報にはうといものです。そういう場合も、「教えてあげる」姿勢ではなく、一緒に調べようという姿勢に徹しましょう。

親の介護について、事前に話し合いましょう

「親の介護は、親の費用で賄う」ことを基本にしましょう。そのうえで、「万一親が介護になったときにどうするか」を、親の気持ちを確認しつつ、事前に兄弟姉妹で話し合うのです。

ポイントは、次の2つです。

・誰が、どのように親をサポートしていくのか？

・介護費用以外にかかるサポートの費用負担を、どうするのか？

地元の地域包括支援センターへの連絡や自治体が行う高齢者サービスに関する情報を、関係者全員で共有するようにしましょう。この話し合いは、「介護の費用負担を誰か一人に背負わせないようにする」という意味でも重要なことです。

「老い」は病気ではありません。誰にでも訪れるのです。親の老いと向き合い、事前に話し合うことで、あなた自身も老いを受け入れていくことができるはずです。そして、それが自分の将来の姿でもあるのです。

親が元気なうちに やっておきたい10のこと

1. 親の暮らしぶりを把握する（住環境やご近所づきあいなど）
2. 親の健康状態を把握する
3. 親の「かかりつけ医」やお隣近所に、挨拶をして自分の連絡先を知らせておく
4. 親の気持ち（言葉の背景にある気持ち）を知る
5. 親とのコミュニケーションを図る
6. 親が介護になったときにどうするのかを、家族で話し合う
7. 親の終末期の医療についての希望を聞き出す
8. 親の経済状況を把握する
9. 親の財産の守り方を知って、対策を講じておく
10. エンディングノートを使って、必要なことを書き留めておく

実家の住環境や暮らしぶりの チェックポイント

- □電球や蛍光灯が切れていないか
- □浴室の入り口の段差
- □浴槽の高さは手すりがなくても差し支えないか
- □浴室の床がすべりやすくなっていないか
- □浴室から出てくるスペースの室温調整ができるようになっているか
- □夜中にトイレに行く際の動線の中で、つまずくものはないか
- □賞味期限の切れた食べ物が冷蔵庫にいっぱい入っていないか
- □飲み残しの処方薬がたまっていないか
- □通信販売で購入したサプリメントのようなものが台所やテーブルに置かれていないか
- □小銭や財布が無造作に台所や居間に散らかっていないか

エンディングノートを上手に活用しよう!

今、突然親が倒れたら、あなたの準備は万全でしょうか? 例えば、預金通帳はどこにあるのか、治療費を払うお金がどこにあるのか、といったことを事前に知っておかないと、金銭面で慌ててしまうかもしれません。治療方法についても「延命治療を望むのか、望まないか」という親の意向を知っておく必要があります。

ここでは、そうした準備に有効なツールとなるエンディングノートについて、その活用方法を詳しく見ていきましょう。

事前に相続のことを聞いておきましょう!

エンディングノートについては、86・87ページで簡単に触れましたが、ここではもう少し詳しく活用法などをみていきたいと思います。実際には、メモでも問題ありませんが、親が入院した際、子どもが知っておくべきこと、知らないと困ることについて、元気なうちに聞き取って書き残しておきましょう。聞き出す内容は、89ページのリストを参考に、親の様子を見ながら進めていきます。中には、情報がないため考えをまとめることができない項目もあると思いますが、そのときは一緒に調べるようにしましょう。

リスト5の相続は、死亡後の争族を避ける意味でも重要です。それは、親が死亡したときに、たとえ遺言がなくても、この項目に関するメモがあれば、遺産分割の時の手掛かりにすることができるからです。遺言がない場合の遺産分割協議は、とにかく平等に分けることに皆が一生懸命になります。そのため過去にまでさかのぼって、ほかの兄弟姉妹がどれほど親から優遇されたかといったことについて、侃侃諤諤《かんかんがくがく》議論されることも少なくありません。最悪の場合、解決までに数年以上かかるケースもあるだけに、分け方の指針にもなるメモはきわめて重要です。

実際、相談を受けた中にも、もともと仲の良かった姉妹が遺産トラブルによって完全に絶縁状態になってしまったケースがありました。親から相続のことを聞き出すのは、たいへんかもしれませんが、とても重要なことです。ぜひ、考えを聞いておきましょう。

図●遺産分割事件のうち認容・調停成立件数

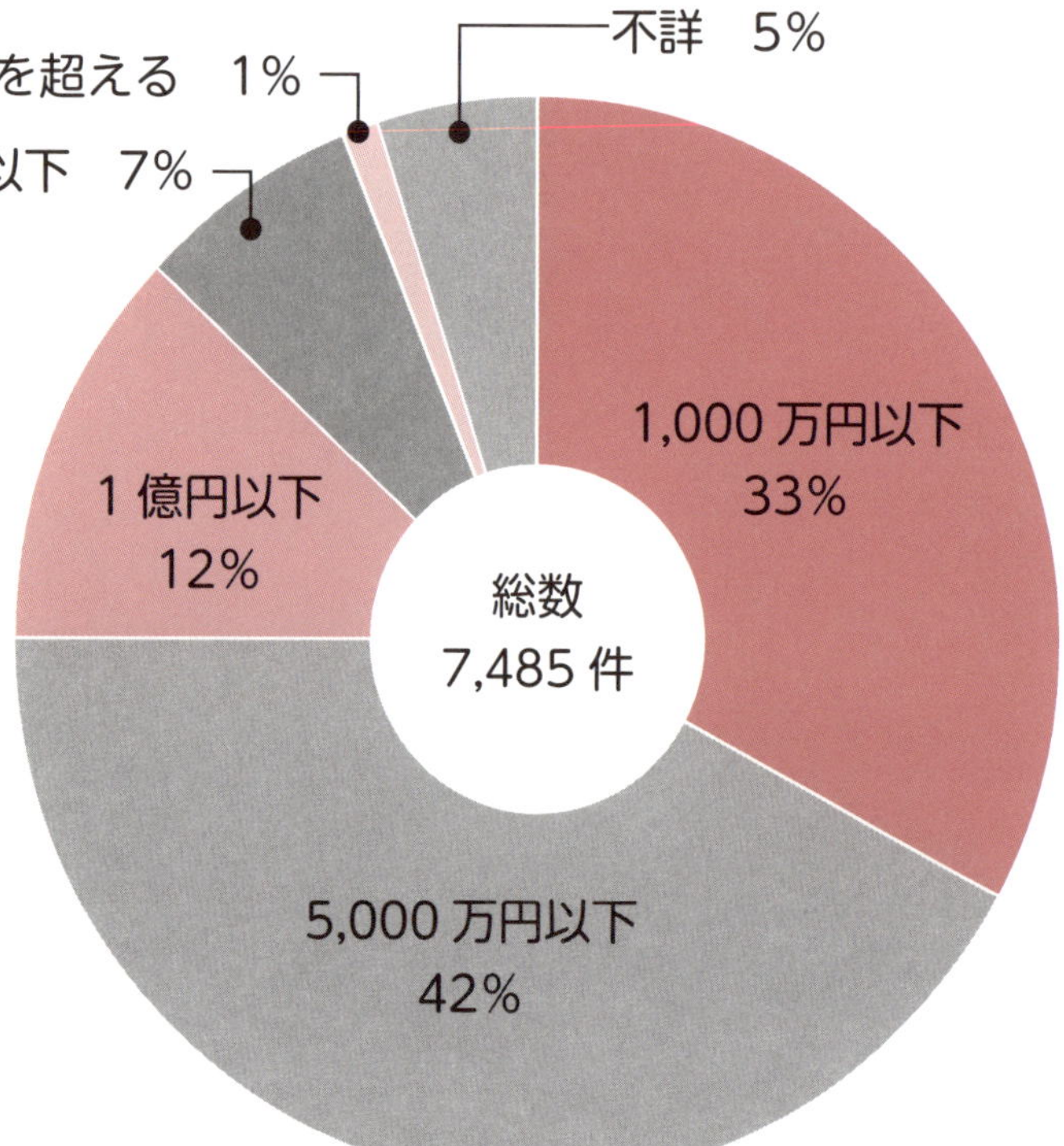

エンディングノート作成のために聞き出しておきたい内容

1 家計や保険加入の状況、財産、負債について

・預金通帳やハンコなどが置いてある場所
・公共料金の口座引き落としや年金を受け取る金融機関（支店名まで）
・取引のある金融機関（支店名まで）
・金融財産の預け先の証券会社など（支店名まで）
・現在抱えている負債など（住宅ローンやリフォームローン、車のローンなど）
・保証人になっている場合、誰のどのような保証人になっているか
・介護や入院に備えた保険契約の有無や死亡時に備えた保険契約の有無について
・保険証券などの置いてある場所
・家庭の預貯金の金額について
・金融商品の残高について

2 財産管理方法について

・一人で財産の管理ができなくなった時に、誰に管理してほしいか
・介護施設に入るときに自宅を含む不動産を売っても良いか

3 終末期の医療について

・意識や判断能力の回復が見込めないときの治療についてどれを選ぶか
　＊生命維持のため人工呼吸器など最大限の治療を希望する
　＊人工呼吸器などは希望しないが、栄養点滴や胃ろうなどによる栄養補給は希望する
　＊栄養補給は希望しないが、水分補給は希望する
　＊点滴などによる水分補給も行わず、自然に最期を迎えたい
　＊苦痛の緩和は最大限やってほしい

4 死後の身の回りの生活品などの処分について

・身の回りの生活品の処分についての希望（家具、本、衣類、宝石、アクセサリー、骨董）

5 相続や遺言について

・相続への希望（自分の財産をどのように分けて欲しいのか、今の気持ちを）
　＊自宅は誰に相続してほしいか
　＊現金や預貯金は誰と誰に相続してほしいか
　＊その他の資産は誰と誰に相続してほしいか
　＊その理由など

3「しあわせ老後」のターニングポイント⑩

認知症対策には任意後見制度と個人信託を活用しよう！

もし、親が認知症になって、判断能力が低下してしまったらどうなるでしょうか。考えたことはありますか？

厚生労働省の2015年1月の発表によると、日本の認知症患者数は2012年時点で約462万人、65歳以上の高齢者の約7人に1人と推計しています。さらに今後は、超高齢社会の進行とともに認知症患者者は増え続け、2020年時点で約600万人、2025年には65歳以上の高齢者の約5人に1人が認知症になると言われています。

認知症対策は元気なうちに！

認知症で判断能力が低下してしまうと、本人はもちろんですが、子どもだからと言って、預貯金の引き出し、生命保険の解約、自宅不動産の売却などを行うことはできません。また、オレオレ詐欺や特殊詐欺、高額な修繕を請求する悪徳業者に騙されやすくなるので、常に周囲の者が注意する必要があります。

こうしたリスクを極力回避し、たとえ認知症になっても、親の希望する介護や終末期の医療を受けることができるように、元気なうちに対策を講じましょう。

財産管理対策は2つ

「認知症」で判断能力が低下するとどのようなことになるのか、もう少し詳しく見ていきましょう。

認知症の程度にもよりますが、自分で財産管理ができない状況になると、以下のような法律行為や契約行為全般ができなくなります。

・預貯金からの出金ができなくなる
・金融資産（株券・国債など）や動産（車など）の売却・処分ができなくなる
・相続手続（遺産分割協議）に参加することができなくなる
・贈与をすることも受けることもできなくなる
・契約書などに署名押印をすることができなくなる（無効）
・遺言も書けなくなる（無効）

快適な老後生活のために不動産を処分しようとしても売却できなかったり、多額の資産があっても自分の入りたい老人ホームに入れないといったことになってしまうのです。

では、どのようにすれば良いのでしょうか。元気なうちにやれる、「認知症になったときに財産管理がしやすい」対策には、大きく分けて成年後見制度の任意後見制度と個人信託の2つがあります。ここでは、任意後見制度についてみていきましょう。

任意後見契約のメリット・デメリットを理解しましょう！

判断能力が不十分な人に代わって、財産管理や身上監護（身の回りの契約行為や諸手続き）に関する支援をするのが成年後見制度です。成年後見制度には、「法定後見制度」と「任意後見制度」があり、すでに判断能力が不十分な人の親族等が家庭裁判所に申し立てて、判断能力の程度に応じて後見人や保佐人、補助人を選任してもらうのが法定後見制度です。

一方、判断能力がある時に、自分が将来認知症などになった時に備え、信頼できる人と自分の財産管理を頼む契約をしておき、判断能力が低下したら家庭裁判所に申し立てをして、後見人になってもらう制度が「任意後見制度」です。任意後見制度を利用するには、事前に公証役場において任意後見契約を結んでおく必要があります。

任意後見契約のメリットは、判断能力がなくなった後でも、事前に決めたとおりに自分のためにお金を使うことができることです。ただし、「本人の財産を減らす可能性のある資産運用は行えない」など、使い方に制約があります。

一方、デメリットは、本人の判断能力が低下し、家庭裁判所に申し立てる時点で「任意後見監督人」が選任されることです。つまり、

図● 65歳以上の認知症患者の推定者と推定有病率

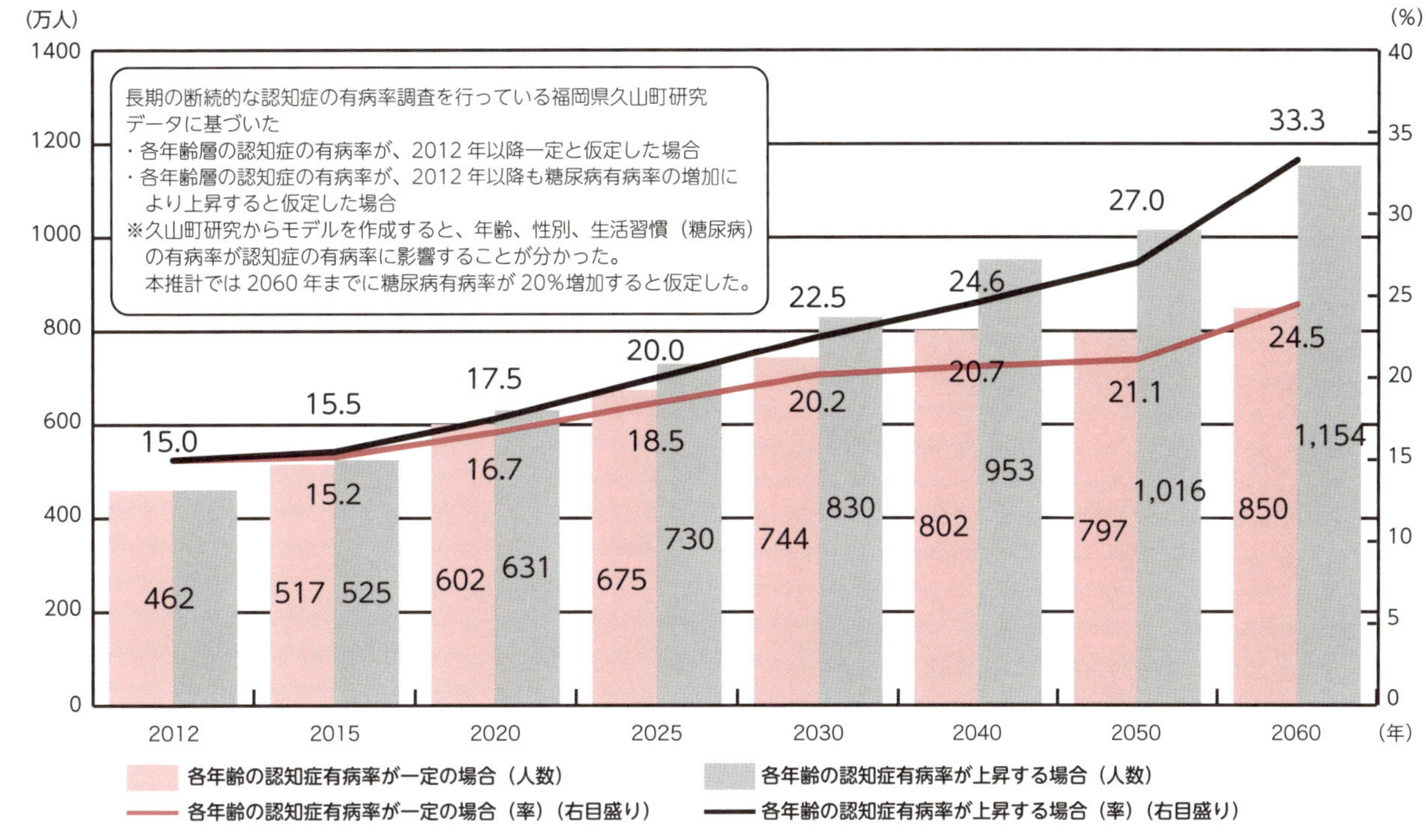

資料：平成29年版高齢社会白書（内閣府）

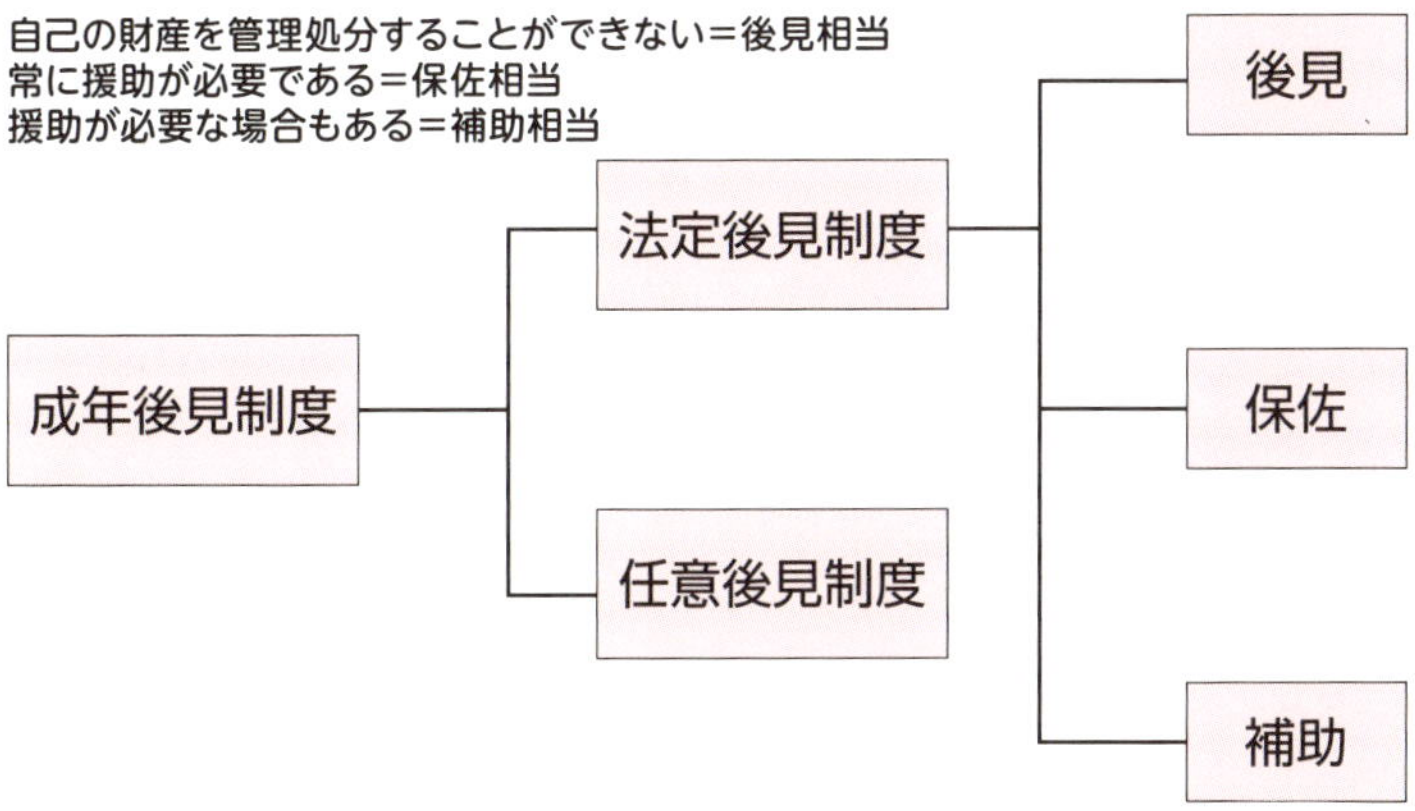

任意後見人以外にも監督人に報酬を払うことになるので、金銭的な負担が増します（通常、家族が後見人の場合、その分の報酬は発生しないことが多いですが、監督人は裁判所が選んだ第三者なので、報酬を支払うことになります）。

なお、成年後見制度は、判断能力が不十分な人のための制度です。そのため判断能力はあっても体の自由がきかなくなった人などは、利用することができません。

どうしても財産管理を他の人に頼みたい場合は、「財産管理等委任契約」を結んでおくと良いでしょう。

将来、認知症になるか、体が弱って思うように動けなくなるかは、誰にもわかりません。どちらの状態になっても対応できるように、最近は任意後見契約を結ぶ際、同時に財産管理等委任契約を作成する人が増えています。

認知症とは…

認知症とは「生後いったん正常に発達した種々の精神機能が慢性的に減退・消失することで、日常生活・社会生活を営めない状態」を言います。認知症の原因疾患には、アルツハイマー病（6割）、脳血管性認知症、頭部外傷後遺症、前頭側頭葉変性症、レビー小体型認知症などがあります。

3「しあわせ老後」のターニングポイント11

家族信託を使って親の財産管理をしよう

信託の特徴は財産の所有権が受託者に移ること

信託とは、「信託法」という特別法に基づいて行う、財産管理の一つの手法で、財産を信頼できる人に預け、それを受託した人が、預けた人の願い通りに財産を管理、処分したり運用したりする仕組みです。信託にはさまざまなスキームがありますが、ここでは家族信託について見ていきたいと思います。

家族信託は、信頼できる人を家族や親族にし、その人に財産を託すスキームの信託のことです。93ページの図1を使って、詳しく説明しましょう。

父親が管理できなくなった自分の財産（自宅やアパート、預貯金の一部など）を息子に託して管理運用してもらい、その収益を分配してもらいます。この図では、父親が財産を託す人で「委託者」となり、息子はその財産を託される人なので、「受託者」となります。収益を受け取る人を「受益者」と言いますが、このケースでは、父親本人になります。元気なうちにこうした契約を交わしておけば、認知症になったあとでも、自分のために管理運用あるいは修繕などが行われるので、従前どおり、収益を手にすることができます。

前述した成年後見制度との違いは、信託契約を結ぶと委託した財産の所有権が受託者に移り、受益者のために管理、活用、処分することができる点です。自宅もアパートも、所有権が息子に移り預貯金も息子名義の信託財産を管理する専用の口座に移されます。

不動産を売却してそのお金で施設に入るような場合でも、図1の例でいえば、アパートは息子が売主となって売却するので、父親が認知症になっても問題なく売却することができ、施設入所の費用をまかなうことができるのです。

所有権が移っても本来の所有者は父親なので、その売買利益は父親の財産となります。したがって、受託者である息子に所有権が移っても、贈与税が発生することはありません。

なお、不動産の所有権移転の際には、信託による移転であることが登記簿に明記されます。

信託なら遺言の機能を持たせることも可能！

また、信託では、図2のように遺言の代用として、遺す財産の行く先を決めることもできます。父親の財産を娘が管理運用し、父親が存命なうちは、父親に利益の分配あるいは生活費として、定期的に渡し、父親亡きあとは、母親を第2受益者としておくことで、財産がある限り父親が存命な時と同じように母親に収益や生活費を渡すことができます。

また、母親が亡くなったあと、娘に自宅を残すというような契約も可能です。このように、遺言の機能を持たせることができるのも信託の特徴の一つです。

なお、信託財産の管理運用については、任意後見契約のような制約はなく、契約書の目的に応じた受益者のための運用であれば、受託者はさまざまな運用が可能です。

1　信託の仕組み（自益信託の例）

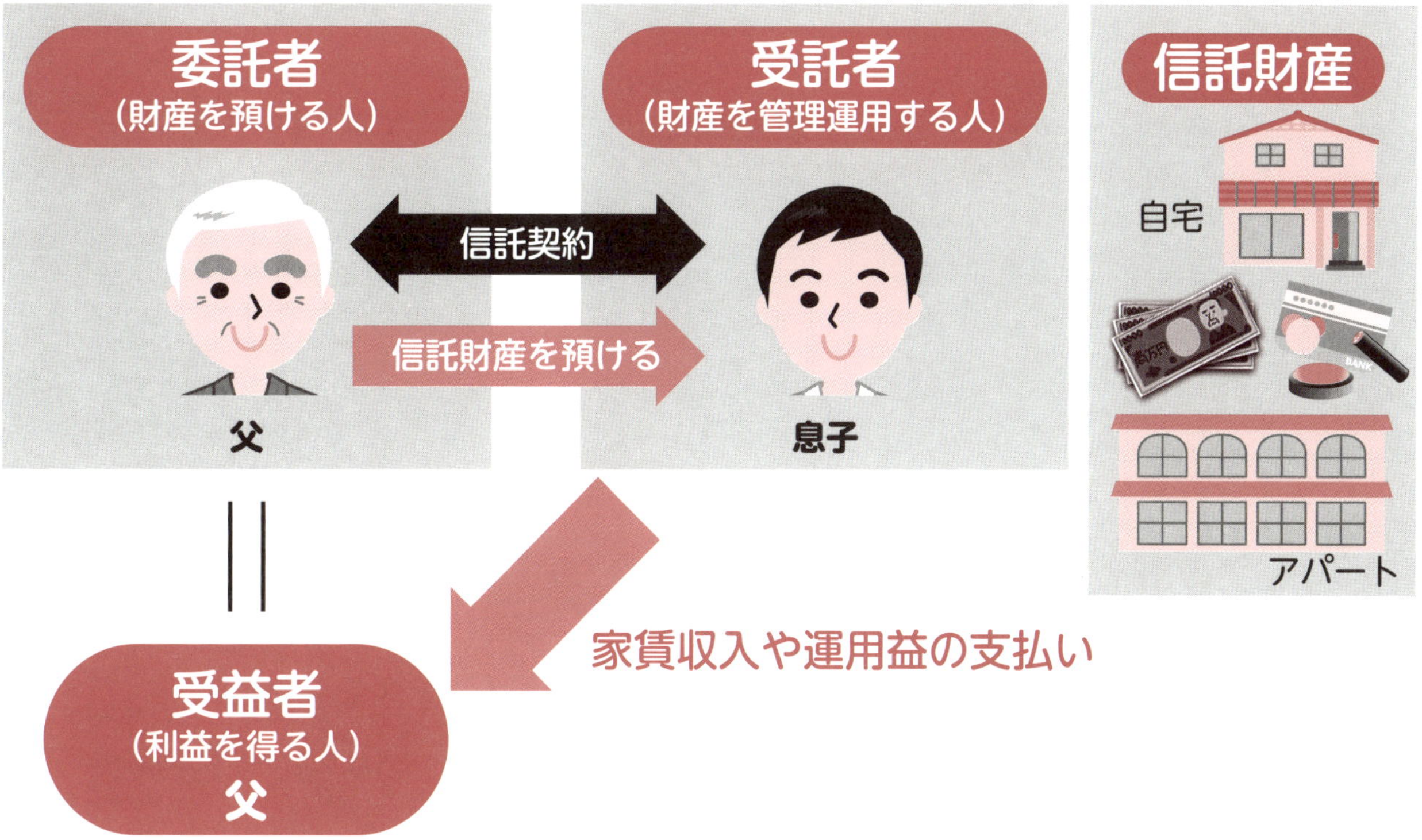

2　遺言の機能をもたせた（例）

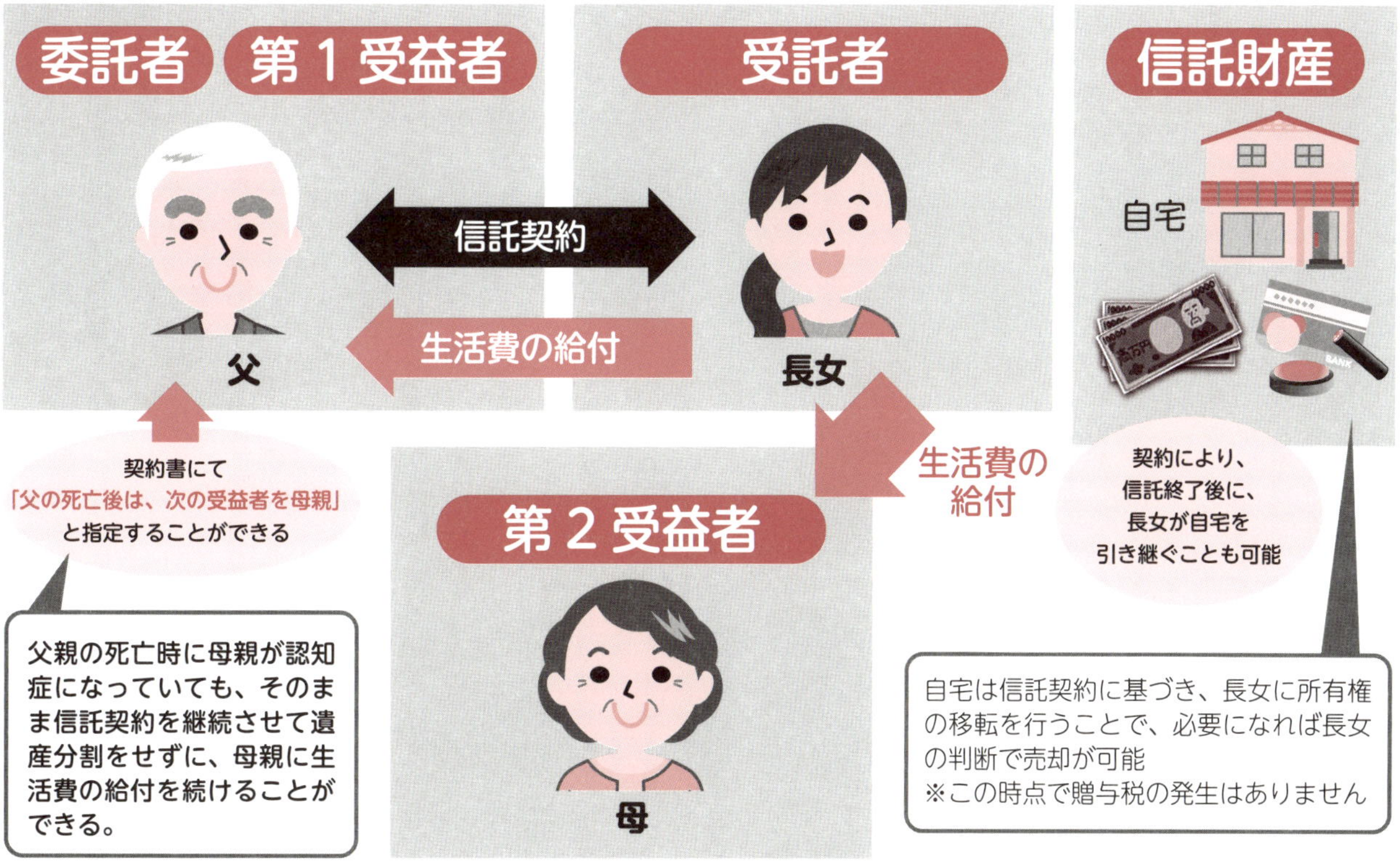

老後の資金＆年金不足の悩みを解決する 副業のススメ

ライフイベントライター 伊藤京子

現役世代

●現在の「本業」に加えて、「副業」をやってみたいと思いますか？

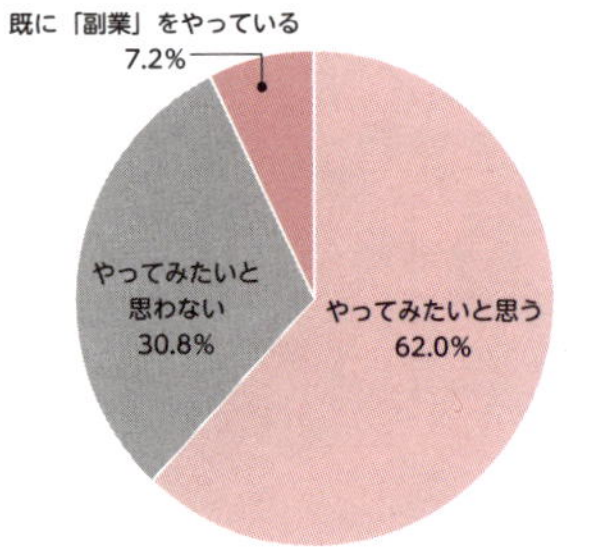

資料：株式会社 NEXER とシェアーズモール株式会社の共同調査より

心身を削るカツカツの生活とは無縁に、穏やかに楽しく過ごせる安心シニアライフを迎えたい。そのためにも、老後の資金を確保し、年金不足の不安から解放されたいものです。ここでは、正社員として働きながら無理なくできる副業によって、プラスアルファの収入を得る方法をさまざまな角度から検討します。

兼業・副業がしやすい社会が到来する

「副業」とは、本業以外の仕事のことで、兼業、ダブルワークとも呼ばれています。上図のとおり現在、企業に務めていながら副業をしている人は7.2％に過ぎませんが、副業を希望している人は約62％にも上ります。政府が掲げる「働き方改革」（2018年）のなかでも、企業で働く社員の兼業・副業を普及・拡大させることが盛り込まれているので、今後、副業がしやすい社会になるのは間違いありません。

スキマ時間の副業で無理なく貯める

多くの現役世代は、子育てや教育資金が必要で、貯蓄が難しい場合も少なくありません。しかし働ける間に頑張ってプラスアルファの収入を得て積み立てておくことで、旅行や趣味を楽しめるゆとりのあるシニアライフも夢ではなくなります。

もちろん副業を頑張りすぎて、本業がおろそかになってはいけないので、無理のない範囲で行うことが大切です。たとえば、40歳のあなたが、残業の上限規制を契機に、空いた時間に副業を始めるとします。時給1000円のアルバイトでも、1日3時間、週末を含めて週4回働けば月収4万8000円に。この分を貯蓄に回せば年間約60万円、60歳まで20年間続ければ1200万円です。これだけの貯蓄が定年時にあれば、かなり助かります。

自分の「好き」や「得意」を生かす副業チョイス

会社員の場合、勤めている会社が副業を認めていることが前提になりますが、基本的に自分の趣味や特技、経験が生かせ、苦痛にならない副業が理想です。欲を言えばスキルアップ、または新たなスキルになるものができればベストですね。副業を始める前に、自分の好きなことや特技を洗い出してみるとよいでしょう。

やりたい仕事が決まったら、ハローワークや求人サイト、あるいは知人に紹介してもらうなどして応募しましょう。スマホやパソコンが使えるなら、オンライン求人サイトで検索し、気に入った仕事に応募するのが簡単です（99ページ参照）。

インターネットモールやクラウド利用で特技を販売

ネットが使いこなせれば、副業の可能性は大きく広がります。たとえば、趣味の手作り品や海外からの輸入品を自分で販売することも可能です。その場合は、制作したものを販売する場を提供してくれるプラットフォームに登録（左図参照）して販売します。品物ではなく、データ入力、執筆、写真など得意な仕事を提供する（クラウドソーシング）という手もあります。副業を仲介してくれるサイトも多数あるので、希望の職種、働き方を探ってみましょう。

自分のブログを開設し、独自の目線で新商品の情報を提供することによって広告料を得たり、自宅や貸しスペースを利用して、料理やアクセサリー作りなどの教室を開くのもお勧めです。オンラインを通じての副業は、会社勤めの人だけでなく、子育て中のため外に出られない女性、年金世代の人も活躍しています。

●オンラインショップのイメージ

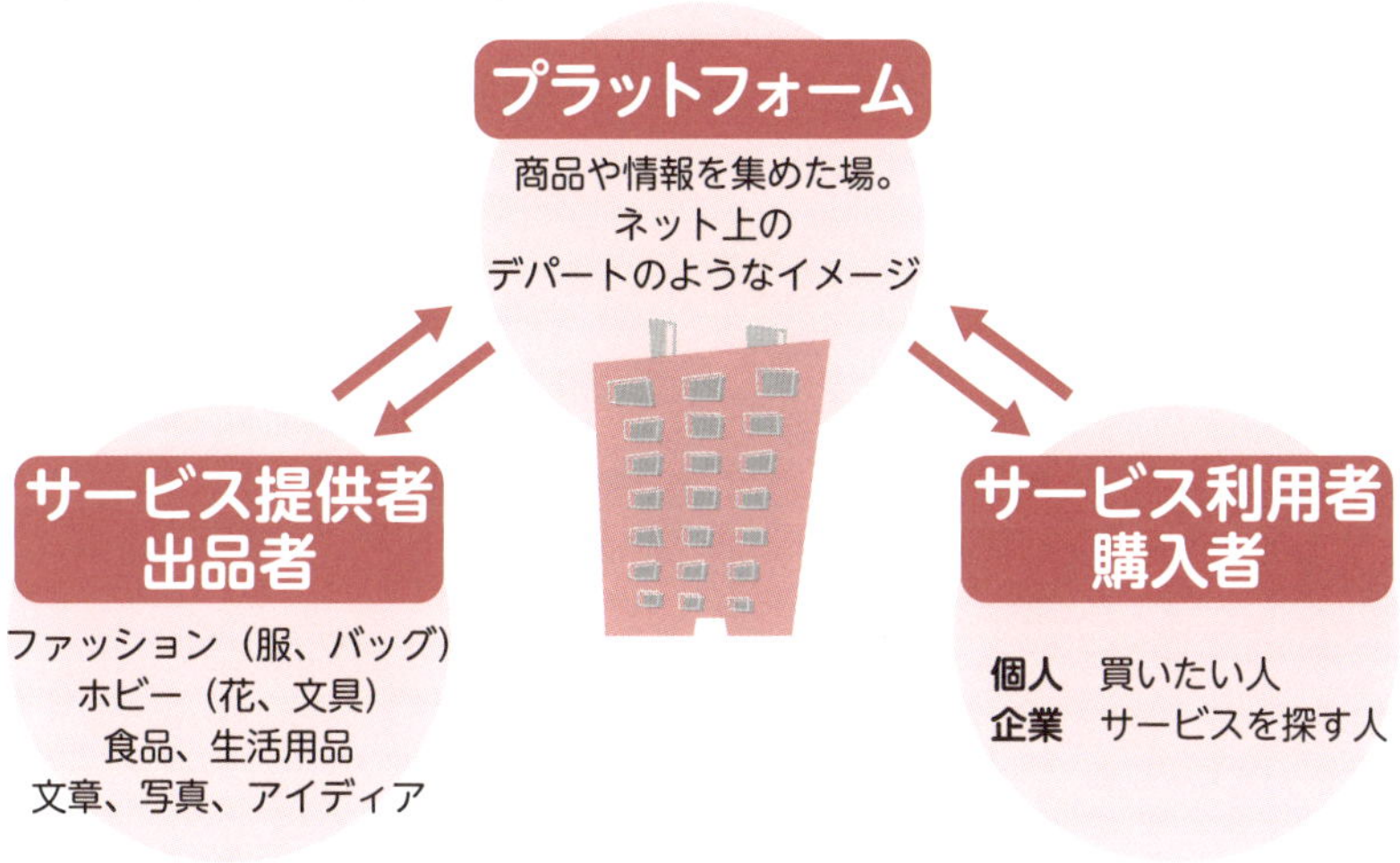

私の副業1

食べ歩きの記録をブログで紹介　広告料が入るように！

Aさん（男性40歳）は、食品会社に勤める会社員で食べ歩きが趣味。数年前から、土日の空き時間を利用して、訪ね歩いたレストランや料理、シェフの経歴や人柄を書き綴っていたところ評判を呼び、ブログに掲載した広告から広告収入が入るように。さらに、Aさんのブログから読者が商品を購入した場合に紹介料が入るアフィリエイトという仕組みを利用して、報酬を得られるようになりました。「紹介する情報はまだまだあるので、ブログを充実させていきたい」と、Aさんは意気込んでいます。

利用したサービス：グーグルアドセンス、アフィリエイト。月々の副業収入：2〜5万円

私の副業 4

理想的な 中年肥満体質?!として 治験モニターに

Nさん（50歳）は、売れっ子のフリーランスライター。健康診断を受けた際に、担当医師から治験モニターにならないかと声をかけられました。現在のNさんは、二十歳の頃と現在の体重の乖離（かいり）、直近2年間の体重増加の度合などから、理想的な中年肥満体質と認定されたのだとか。

Nさんの治験モニターの仕事は、毎月1回の血液検査と肥満外来の受診。診療費、薬代、都内病院までの交通費は全額支給され、なおかつ1回の検査で1万円の謝礼がもらえるとのこと。たとえば糖尿病の患者が月に一度診療を受け、薬をもらうと平均で6,000円前後（3割負担）かかるのを考えると、Nさんはかなりお得に検査を受けていることになります。

治験モニターは、製薬会社が新しい薬を販売する前に、その有効性や安全性を確かめるため、実際に使ってもらう人のことです。Nさんのように月1回の仕事で済むモノもあれば、1～2週間入院して試すといったものもあり、謝礼は比較的高額です。そうした案件はNさんのように医師から勧められるほか、求人サイトなどに掲載されています。

利用したサービス：医師の紹介。月々の副業収入：1万円

私の副業 2

アートフラワーを販売 月に1～2回レッスンを開催

主婦のKさん（既婚50歳。子ども3人）は、子育て期に得意のアートフラワーを制作。口伝てで子どもの学校の友人や近所の人に販売しています。明るい人柄もあって評判が広がり、今では卒業式やパーティーなどの機会に大量のアレンジメントを受注するようになりました。末の子が大学に進んでからは、家計の足しにと、花屋でアルバイトをしたり、空いた時間を使ってオンラインでハンドメイド製品の販売を開始。さらに、お客さんの希望で月1～2回のフラワーアレンジメントの講座を開催するなど、毎月副収入が入るようになりました。

利用したサービス：ミンネ。月々の副業収入：2～5万円（アルバイト収入を除く）

私の副業 3

土日のみOKのカフェで 人との関わりや気晴らしを兼ねて

共働きのOL、Yさん（45歳、子ども1人）は、ご主人が在宅の土日だけ、新聞広告で見つけた近所のカフェでアルバイトをしています。会社は定時で終わるので、平日もバイトが可能ですが、夜は子どもと過ごしたいとの思いから副業は週末だけ。「正規の仕事は事務なので、人と関わったり調理したりするカフェの仕事を楽しんでいます」と、Yさん。

土日に1日6時間働くので、1か月でおよそ5万円。生活費は給料でまかなえるので副業収入は将来の子どもの学費、老後資金として全額貯金に回しているそうです。

利用したサービス：新聞広告。月々の副業収入：5万円

年金世代

総務省の調査（平成30年労働力調査、就業構造基本調査）によると、日本の就業者総数に占める高齢者の割合が過去最高の12・4％となるなど、定年後も働くことは珍しくなくなりました。また、企業に対して60歳の定年後も希望者全員を雇用することを義務付ける「改正高年齢者雇用安定法」が施行されたことで、今後はさらに継続雇用で働く人が増えると予想されます。

意欲的な年金世代　技術や経験を生かせる場も

図1のとおり、70歳以上、働けるうちは働きたいと思っている人が約8割にも上ります。また、総務省の労働力調査によると、正社員として働きたいという人が約25％、一方パート・アルバイトとして働きたいという人が約50％を占めています。副業程度に、無理なく適度の働きたい人が多いようです。

働く目的は、図2のとおり、50～64歳の人たちの最大の目的が「生活費や年金の補填のため」なのに対して、65～79歳では「社会との接点を持つため」となっています。人との交流や世の中への貢献、そして趣味や特技を生かして活躍することを望んでいることが伺えます。

図1●あなたは、何歳頃まで収入を伴う仕事をしたいですか

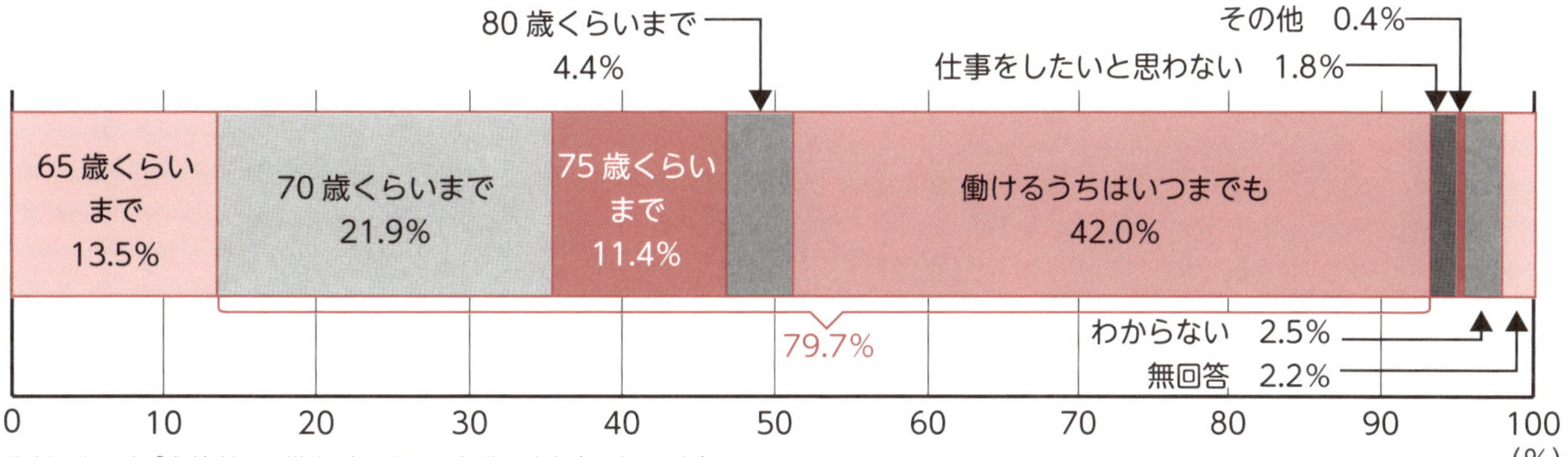

資料：内閣府「高齢者の日常生活に関する意識調査」（平成26年）
（注）調査対象は、全国60歳以上の男女。現在仕事をしている者のみの再集計。

図2●定年退職後の働き方について

©新シニアライフデザイン研究会×JTB総合研究所

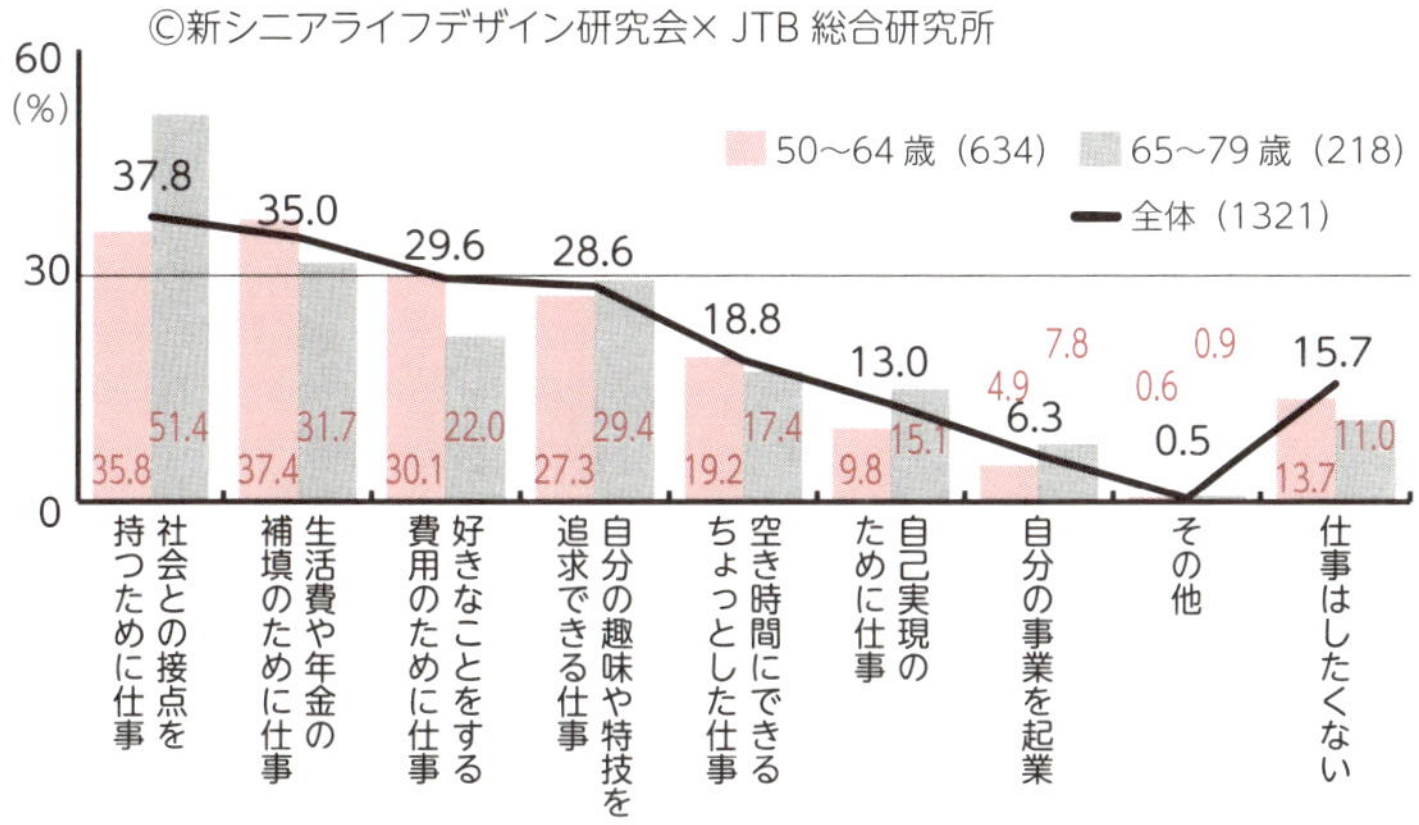

専門技術や特技を生かすか　割り切って良い条件を選ぶか

年金世代の仕事の選び方には、2つ方法があります。1つはこれまで培った経験や知識、技術、人脈を生かした職種を見つけるやり方です。現役世代の副業探しの項（95ページ）でもご紹介したように、クラウドソーシングサービスのようなシステムを利用して、あなたのスキルを必要としているクライアントに提供したり、オンラインショップを作って販売したりするのも一案です。自宅で仕事をすることができるので、通勤する必要がなく、自分のペースや体調に合わせて仕事を調整できるのも魅力です。

もう1つは、仕事を「豊かなシニアライフのため」と割り切り、希望の就業時間や給料、自分の体力などに合う条件の職場を探す方法です。比較的始めやすい仕事として、たとえばスーパーやコンビニでの販売、ファミリーレストランでの接客、仕分けや検品などの軽作業、オフィスや商業施設での警備、清掃などが考えられます。新聞の折込求人広告には、地元の求人情報が多く掲載されているので、近場でサクッと始めたい人にはオススメです。

年金世代の副業探しもインターネットが主流に

年金世代の就職活動では、現役世代と同じようにネットを利用して探すのが主流です。求人情報サイトでは、年齢制限がありなかなか仕事が得られない、という悩みが聞かれる一方で、高いスキルを持ち、経験豊富な高齢者に特化した情報を掲載するところも増えています。いくつかの求人情報サイトに登録して、長く続けられそうな納得のいく仕事を見つけるとよいでしょう（求人サイト情報は99ページ参照）。

全国にある就職支援の窓口まずは相談からスタート

従来通り、厚生労働省が運営する公共職業安定所「ハローワーク」や、民間の紹介会社を利用するのもよいでしょう。ハローワークは、一度窓口に行って「求職申込」を済ませれば、「ハローワークインターネットサービス」にアクセスでき、家にいながらにして仕事の検索ができます。

他にも各都道府県が行っている職業相談所があります。たとえば東京都では「東京しごとセンター」、大阪府では「ＯＳＡＫＡしごとフィールド」などです。

東京しごとセンターでは、都民や都内で働きたい55歳以上を対象にしたシニアコーナーを設けて就職支援を行っています。求人のデータベースは、ハローワークと同じものを使用していますが、就業支援のセミナーや個人カウンセリング、求人紹介までワンストップで受けることができます。年金世代のみならず、現役世代にとっても利用する価値は大いにあります。

一方、65歳以上のシニアに限定して働く機会を提供するのが「公益社団法人全国シルバー人材センター事業協会」で、全国に窓口を持っています。企業や官公庁、個人から依頼される業務を登録会員に依頼することで、賃金が支払われます。

「生きがい」のための仕事を得られる
シルバー人材センター

シルバー人材センターの特徴は、「生きがいを得るための就業」を目的としていること。仕事の場を得ることで、やりがいを感じたり、健康に生活できるといったことに重きを置いています。活躍している会員の中心は70代が中心。社会への貢献や、地域とのつながりを求める人に最適と言えそうです。

また、就業時間が月に10日、20時間を超えないことを目安にしているため、無理なく働ける仕組みになっています。

連合本部電話代表 03（5665）8011

E-mail：zsk@sjc.ne.jp

私の副業 1
主婦の強みを生かして調理補助・保育補助

２人の子どもが独立し、手が空いたＫさん（60歳）。近所の女性が、子育ての経験を生かして保育ママとして自宅でお子さんを預かっているのを知り、子育てに関わる仕事がしたいと、ハローワークへ出向いて相談。その結果、認可保育園での保育補助業務に応募し、採用されました。

もともと子ども好きで、料理も得意だったことから、今では保育の補助だけでなく調理の手伝いもしています。

現在の勤務は週３日間。「子育てや料理など、自分がやってきたことが仕事に生かせるのが嬉しい」と、Ｋさんは言います。

利用したサービス：ハローワーク。月々の副業収入：７万円前後

私の副業3

同居家族が減って空いた駐車場を貸し出した

Sさん（男性・75歳）は、年金と預貯金、加えて、現在シルバー人材センターに登録して週に数回仕事をして暮らしています。伴侶を亡くし、子どもも独立したため、自宅の駐車場が空いていました。1年前に、たまたまテレビで「アキッパ」の紹介を見て、システムに登録。アキッパは自宅の空きスペースを貸したい人、借りたい人が登録し貸し借りできるシステムで、利用するのは営業マンや観光客、駅から遠い人が買い物中に停めるなどさまざま。「私はシステムに登録して、場所を空けておくだけ。これで副収入が入るなんて、すごい時代ですね」と、Sさんはホクホク顔です。

利用したサービス：アキッパ。月々の副業収入：2万円前後

私の副業2

趣味の園芸から多肉植物の販売に挑戦

76歳のE子さんは夫との2人暮らし。数年前に飼っていた犬が亡くなって消沈していたところ娘さんに「時間を持て余しているなら多肉植物を育ててみたら？」と言われ、繁殖をスタート。もともと植木の手入れが得意だったので、多肉植物を育てるのはそれほど難しくなかったとのこと。ただネットオークションでの販売は難しいので、そこは娘に依頼。販売量には波があるものの、平均して1か月10～20点売れるとのことで、植物の手入れに余念がないそうです。

利用したサービス：ヤフオク。月々の副業収入：1～2万円前後

副業探しのヒントがいっぱい情報館

●商品を出品・販売できるサイト・開店支援サイト	
1	Amazon(アマゾン)　CD、DVD、書籍の出品が簡単にできる／https://www.amazon.co.jp/
2	楽天市場　インターネット通販の総合ショッピングモールに出品可／https://www.rakuten.co.jp/
3	ヤフオク！　中古品から新品、食品まで販売できるネットオークション／https://auctions.yahoo.co.jp/
4	Wowma（ワウマ）　キャリアを持つ「KDDI」のショッピングモールに出店／https://wowma.shop/
5	カラーミーショップ　カート設置などオンラインストア開店支援サイト。https://shop-pro.jp/
6	STORES JP（ストアーズ・ドット・ジェーピー）　無料でオンラインストアを作れるサービスを提供　https://stores.jp/
7	minne（ミンネ）ハンドメイド品を出品・販売　https://minne.com/
8	Creema（クリーマ）　ハンドメイド品を出品・販売　https://www.creema.jp/
●フリマ出品の気軽さで売買できるスマホアプリ	
9	ラクマ　楽天のフリマアプリ　https://rakuma.rakuten.co.jp/
10	メルカリ　フリマアプリでは最大級規模　https://www.mercari.com/jp/
●特技・経験・スキルを売れるサイト	
11	Lancers（ランサーズ）／働き手とクライアントを結び付ける日本で歴史も長い　https://www.lancers.jp/
12	CrodWorks（クラウドワークス）／記事作成、ホームページ作成などを請け負える　https://crowdworks.co.jp/
13	Bizseek（ビズシーク）／手数料が安いため参加しやすい　https://www.bizseek.jp/
14	coconala(ココナラ)／知識、スキル、経験を販売できる　https://coconala.com/
15	SKIMA（スキマ）／イラストやキャラクターデザインのスキルを売れる　https://skima.jp/
16	shufti（シュフティ）／都合のいい時間にできるだけ！主婦の在宅ワーカーが活躍　https://app.shufti.jp/
17	Casy（カジー）／掃除や買い物など得意な家事代行して依頼人を助ける　https://casy.co.jp/
18	TABICA（タビカ）／街や地元の知識を参加者に紹介　／https://tabica.jp/
19	Fancrew(ファンくる）／覆面調査などのリサーチ・モニターの人材募集／https://www.fancrew.jp/
20	akippa(アキッパ）／個人宅やマンションなどの空きスペースを貸し出して収益化／https://www.akippa.com/owner
●人材紹介会社・転職サイト	
20	indeed(インディード）/副業、シニアなどのカテゴリで情報充実／https://jp.indeed.com/
21	grand-job(グランジョブ)／アルバイト・パートの情報サイトでシニアに特化　／https://www.baitoru.com/lp/senior/
22	doda（デューダ）／求人数豊富。セミナーなどイベントも多い／https://doda.jp/
23	リクナビNEXT（ネクスト）／業界最大級の非公開条件を持つ／https://next.rikunabi.com
24	はた楽求人ナビ／40代、50代、60代のお仕事探しに　https://hatarakujob.com/
25	RAMPサービス／大手企業の元技術者、海外駐在経験者に仕事を紹介／https://www.genius-japan.com/
26	TOWN WORK(タウンワーク)／オンライン求人サイト、フリーペーパーあり。https://townwork.net/
●就職支援組織	
27	ハローワーク　／利用は地域のハローワーク窓口で。厚生労働省／https://www.mhlw.go.jp/kyujin/hwmap.html
28	東京しごとセンター／電話 03-5211-1571／https://www.tokyoshigoto.jp/
29	OSAKAしごとフィールド／電話06-4794-9198／http://shigotofield.jp/
30	全国シルバー人材センター事業協会／電話03-5665- 8011／http://www.zsjc.or.jp/

番外編 生活にゆとりをもたらす生涯収入補てん術❷資産活用基本編

老後資金は取り崩しながら運用する

長生きリスクをカバーする資産運用

マネーライター　中村光夫

人生90年、あるいは100年時代を迎えて、幸せ老後を送るためには一定の資産を確保しておくことが、重要になっています。現在の公的年金だけでは、生活費を十分に賄えないとしたら、どうしたらいいでしょうか。ここで考えられるのが持っている資産を運用しながら取り崩すこと。そうすることによって、保有資産がゼロとなる時間軸をできるだけ先延ばしすることがポイントになります。

まず老後資金として公的年金以外にどのぐらい必要かを考えてみましょう。

公的年金だけでは月額約5万円の赤字

厚生労働省がいう「モデル世帯」（夫：厚生年金加入40年、妻：専業主婦）の場合、65歳から受給開始となる公的年金の受取額は月額22万1504円。総務省発表『家計調査報告』によると、年金暮らし世帯の消費支出は月額26万7546円で、公的年金だけでは、毎月4万6042円の赤字となります。

年金がもらえる65歳まで、再雇用や再就職で働き続けるとして、男性81歳、女性87歳の平均寿命まで生きた場合、毎月5万円弱の赤字を解消するための年金補填額の試算は次の通りとなります。

●年金補てん必要額を試算する

■夫存命時の年金補てん必要額

毎月の赤字額　夫65歳～81歳（81歳で死亡と仮定）

公的年金22万1504円－支出26万7546円＝△４万6042円

４万6042円×12か月×16年＝884万0064円

■夫死亡後に妻が７年存命した場合の年金補てん必要額

毎月の赤字額　夫死亡後７年

公的年金16万6128円－支出26万7546円＝△10万1418円

（※夫死亡後の遺族年金22万1504円の４分の３＝16万6128円）

10万1418円×12か月×７年＝851万9112円

夫が平均寿命の81歳で死亡したあと、妻一人の家計支出は抑えられるとしても、ざっくりとした計算で、老後資金として夫婦2人の生活で884万円、夫死亡後の851万円を合わせて2000万円弱は必要となります。

『平成29年簡易生命表』によると、年金受給年齢の65歳まで生存した場合の平均余命は男性で84・57歳、女性で89・43歳と、平均寿命を上回っています。

日本人の平均寿命は、この先まだまだ延びると予測され、長生きリスクに対応するためには、男性は年金をもらいはじめる65歳から20年後の85歳、女性はさらに5年先の90歳まで生きることを前提に老後資金の計画を立てる必要があります。

老後資金の寿命を運用で延ばす

65歳から90歳までの老後資金として2000万円準備できれば、もらっている年金に月額6万6666円を上乗せすることできます。毎月取り崩していけば、卒寿の祝いを迎える90歳には老後資金は底を付くことになりますが、それは運用することなく、取り崩し続けた場合の話です。

老後資金の金額については、現役時代の生活水準や居住地、消費スタイルによって違ってきます。年金世帯の平均支出額の月額27万円を目標にすれば、公的年金に月額5万円上乗せとするためには、運用する前提で老後資金は1500万円が必要となります。

1500万円の資産について、65歳から月額5万円を取り崩していけば、90歳に老後資金は0

●老後資金 1500 万円の半分を 12 年間、投資信託で運用したケース

750万円	普通預金	月額５万円取り崩し残額30万円
750万円	年率３％の投資信託	複利12年合計270万円

●取り崩しながら資産運用するかしないかで大きな差

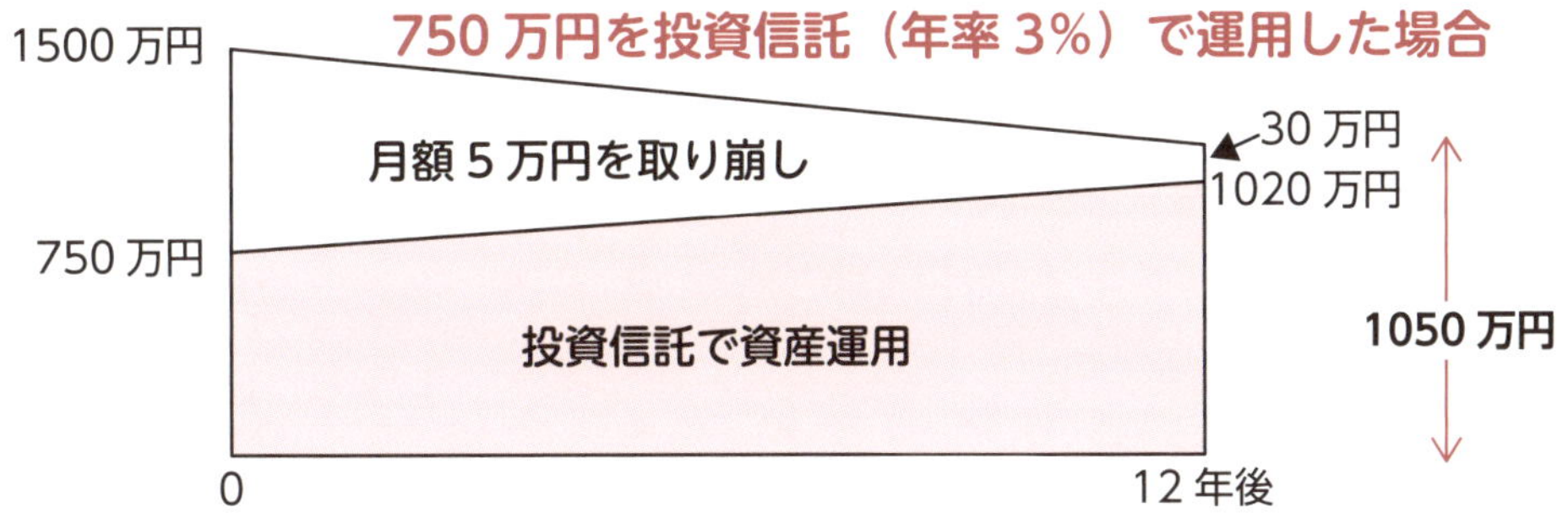

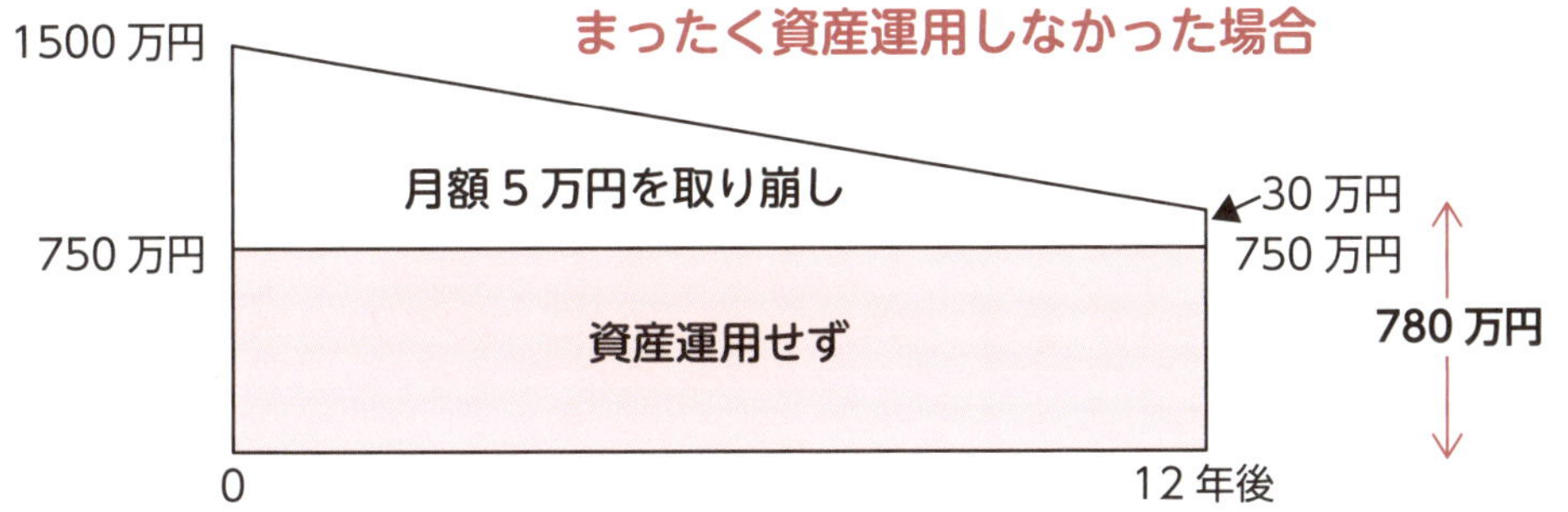

確実な方法で
資産取り崩しの
期間を伸ばす

円となります。ただし、半分の750万円を普通預金に預けて12年間、月額5万円で取り崩している間に、残り半分の750万円は投資信託に預け入れて年率3％で12年運用した場合、複利では元金が4割増しの1000万円超となります。

月額5万円を取り崩したことにより、普通預金に預け入れていた750万円は12年後に30万円まで減ることになりますが、年率3％の投資信託の運用益250万円で目減り分を一定程度カバーすることができます。65歳から12年後の77歳の喜寿は、運用していなければ780万円まで取り崩される老後資金を1000万円大台を確保して迎えることができるのです。

老後の生活を支える命綱という性格上、リスクの伴う運用に安易に手を出すべきではありませんが、準備した老後資金の半分、いや3分の1でも年率2～3％で運用することで、老後資金の寿命を延ばすことができ、長生きリスクにも対応することが可能となります。

金融庁も「運用＋資産取り崩し」を後押しへ

リスクを伴う資産形成については、2001年（平成13年）に導入された確定拠出年金制度を皮切りに、14年（平成26年）のNISA（少額投資非課税制度）、18年（平成30年）のつみたてNISAと、後押しする制度が整備されてきました。

しかし、リスクを取りづらい高齢者の資産を守る取り組みについては、長寿化の進展に伴い、高齢者層のニーズが高まっているにもかかわらず、有効な施策が打ち出されることなく現在に至っています。

2018年（平成30年）7月に、金融庁が公表した『高齢社会における金融サービスのあり方』（中間的なとりまとめ）では、①就労・積立・運用の継続による所得形成、②資産の有効活用・取崩し、③長生きへの備え、資産継承、④高齢者が安心して資産の有効活用を行うための環境整備、以上4項目を検討の視点としています。

どんな政策が打ち出されるのか注目したいと思いますが、悠長なことを言っていられないのが年金世代の老後資金です。想定以上に長生きをした場合に備えなければなりません。少子化と高齢化による社会保障費のさらなる増大は、年金支給額の減額や医療費負担増というリスクを孕んでいます。退職後も就労を継続するだけでなく、資産を取り崩しながらうまく運用することも考えていきましょう。

まだある低リスクで安定利回りを得る方法

つみたてNISAから株式高配当投資まで

老後資金を長生きさせる運用法を探そう

60歳代の年金世代にとって貯蓄額と年金支給額との差をカバーするひとつの方法として資金運用があります。貯蓄額が少ない場合でも運用益を循環させることができれば、老後資金の寿命を延ばすことが可能となります。60歳代からの資産運用について、いくつかのプランを挙げながら見ていきましょう。

投資信託で老後資金の運用を考えるなら、まず2018年（平成30年）1月に導入されたつみたてNISAがオススメです。

65歳からでも
積み立て運用は遅くない

つみたてNISAの非課税枠をフル活用

つみたてNISAは長期・積立・分散投資に適した投資信託に限られていて、販売手数料は無料（ノーロード）で、なおかつ信託報酬も低いものがリストアップされています。年間40万円を上限に累積投資契約に基づいて買付けされ、最長20年間は非課税となります。投資信託の中でも有利な金融商品です。

毎月1万円をつみたてNISAに回し、65歳から85歳まで20年間積み立てた場合の総額、1万円×12か月×20年＝240万円に対して、平均利回り4％の運用ができた場合には、365万円まで殖やすことが可能です。

定期預金と投資信託を組み合わせた商品設計

老後資金を定期預金と投資信託を組み合わせる金融商品がいくつか販売されています。そのひとつがイオングループの全国の店舗に展開するイオン銀行で販売している総額50万円以上を定期預金と投資信託セットにした「しっかり運用NEO」です。投資信託の組み入れ比率に応じて3か月限定の「特別預金金利」が3％、5％、7％となる商品設計となっています。

ただし、定期預金の金利は3か月だけの限定です。他の銀行でも期間限定の高金利と投資信託をセットにした商品があります。こうした商品で運用する場合には、当初の高金利はあくまで〝おまけ〟と考え、投資信託の中身でじっくり選ぶとよいでしょう。

投資信託とセットの定期預金の高金利は、1年間預けた場合の金利です。キャンペーン金利が3か月限定の場合、3か月預けてもらえる年率換算実質金利は、表示金利の4分の1となります。

抱き合わせの投資信託は運用成績の良し悪しに関係なく、購入時手数料のほか、信託報酬（運用管理費用）、換金する時にかかる信託財産留保額が発生します。

定期預金の高金利は魅力的ですが、運用に際してはしくみを理解しておく必要があります。

イオン銀行「しっかり運用セットNEO」組み合わせ

プラン名	投資信託	3か月物定期金利（キャンペーン期間中金利）
セット70	70％以上	特別金利７％（税引き後5.57％）
セット50	50％以上	特別金利５％（税引き後3.98％）
セット30	30％以上	特別金利３％（税引き後2.39％）

経営者の〝顔〟が見える安定企業の配当を狙う

生産者の〝顔〟が見える野菜やくだものに安心を感じるように、老後資金を運用する際にも、〝顔〟の見える金融商品の方が安心感を得られると思います。

〝顔〟の見える金融商品として取り上げるのは、ホームページ上で経営者が顔を出して、メッセージを発信している日本を代表する企業への株式投資です。もちろん株式投資には、リスクがあります。しかしここで紹介するのは値上がりに賭けるのではなく、配当を狙うという運用方法です。日本を代表する企業の多くは、株主への利益還元を経営の最重要課題のひとつと位置付け、安定的かつ継続的な高い配当政策方針を掲げています。

2009年度に約4兆円だった上場企業の株主還元（配当金）は、2018年度には10兆7千億円まで拡大しています。三菱グループの中核企業である三菱商事は、『中期経営戦略2018』で株主還元は配当を基本とし、減配せずに利益成長に合わせて増配していく累進配当を配当政策の方針として掲げています。

三菱商事の場合、19年度よりスタートする『中期経営戦略2021』でも累進配当を継続し、現在の配当性向を35％まで引き上げることを目指すとしています。純利益で9000億円まで高まった場合に、配当性向35％で試算される配当金は年間200円となります。今年2月時点で株価は3000円前後ですが、過去4年間の年間配当金の推移は長期投資を後押しするものとなっています。

このほか、98年の上場から20年間減配したことがない通信大手のNTTドコモや、「健全性確保」「株主還元強化」「成長投資」の実現によって持続的な株主価値の向上を目指す三井住友フィナンシャルグループなども、安定配当を重視した長期投資の候補となります。ひとつの企業の株だけでは不安があるという向きには、こうした安定配当企業の株を複数持ち、配当を狙う方法もあります。

長期投資で報われそうな銘柄は、経営者の〝顔〟が見える上場企業のホームページにアクセスし、トップメッセージにひと通り目を通してから配当実績、配当政策を確認することで発掘することができます。

老後資金の寿命を延ばす株式投資において重要なことは、配当利回りの高さではなく、運用資金の性格上、いつでも売却できる流動性が確保されていて、安定的かつ継続的に配当を実施している銘柄を選ぶことです。銘柄選びに際しては資本金、1日の出来高、過去10年程度の配当金の推移を確認しておくことをオススメします。

●三菱商事の株式を 100 株購入した場合の配当

最低売買単位100株で配当は

125円×100株＝　1万2,500円となる（2018年度見込み）

購入資金は2月15日終値で3,143円なので、

31万4,300円

配当利回りは　12,500円　÷　31万4,300円（3,143円×100株）

＝3.98％。４％近いリターンを手にすることができる

＊株式投資は変動リスクはあるものの、投資信託のような年間手数料の必要がない。ただしＮＩＳＡ口座を使わない場合には、配当にも 20％の税金がかかる。

三菱商事の配当金推移

2015年度	中間配当25円	期末配当25円	年間配当50円
2016年度	中間配当30円	期末配当50円	年間配当80円
2017年度	中間配当47円	期末配当63円	年間配当110円
2018年度	中間配当62円	期末配当63円見込み	年間配当125円見込み

顔の見える安定配当企業を探そう

◆著者プロフィール

桶谷 浩（おけたに・ひろし）
服部年金企画 講師
1959年　島根県生まれ
2001年　社会保険労務士登録・独立し開業
2005年　ファイナンシャルプランナー（CFP）試験に合格し登録
2006年　1級FP技能士試験合格
各種の年金相談や、老後の生活設計・退職・介護セミナー等の講師、各種書籍や出版物への執筆、校正等など、社会保険、特に年金・介護を中心とした老後の生活設計を仕事の中心に据えて活動している。

安田まゆみ（やすだ・まゆみ）
マネーセラピスト
「元気が出るお金の相談所」所長。マネーセラピスト、ファイナンシャル・プランナー。CFP®
相談は「お金の貯め方」から老後の財産管理、十数億円の相続問題まで幅広い。相談者の話をじっくり聴き、相手の心に寄り添う独自の「マネーセラピー」は〝相談すると元気が出る〟と多くのファンの心を捉え、これまでの相談件数は5000件超、講演回数は1000回を超えている。著書、テレビ出演、雑誌インタビューや寄稿も多数。Googleで「老後マネー相談」検索1位（2019年3月1日現在）。

暮らしとおかね Vol.5

人生100年時代！ しあわせ老後計画

～こんなに知らない！ ねんきん定期便の正しい見方
人生の未来図を描いて安心な資産づくり～

2019年4月1日　初版第1刷発行

発行人　酒井敬男
編　集　『暮らしとおかね』編集部
編集長　近藤樹子
ゼネラル・プロデューサー　馬場隆
プロデューサー　山下日出之、関口誠一
ライター　伊藤京子、中村光夫
イラスト・漫画　今野紺、土屋和泉
デザイン・DTP　株式会社 麒麟三隻館・花本浩一、永山浩司、鈴木千洋

発行所　株式会社ビジネス教育出版社
〒102-0074　東京都千代田区九段南4-7-13
TEL：03-3221-5361㈹　FAX：03-3222-7878
E-mail：info@bks.co.jp　URL：https://www.bks.co.jp

落丁・乱丁はお取替えします。
ISBN978-4-8283-0753-4
C0036
印刷・製本　萩原印刷株式会社